JN074426

令和
6
年度版

相続税
ハンドブック

日本税理士会連合会［編］　宮田房枝税理士事務所・税理士　**宮田房枝**［著］

中央経済社

序

　税理士制度は，私ども税理士のみならず，国民・納税者のための公共の制度として健全な姿で定着し，税務行政の円滑な運営にも貢献をしてきました。また，税務の専門家である税理士がその職務完遂のため，たゆみない努力と研鑽を重ね，納税者のよき相談相手として，我が国の申告納税制度を側面から支えてまいりましたことは，改めて言うまでもありません。

　本書は，日税連編集『税務経理ハンドブック』の掲載税目のうち，法人税，所得税，相続税を抽出し，図表を中心に３分冊にまとめた携帯至便な『ハンドブック』です。また，近年，関係省庁より法令・通達のほかQ&AやFAQなどの資料が多く公表されていることから，読者の利便性を考慮し，QRコード掲載による資料提供で対応しております。

　本書が，税務に関する実務のよき指針として広く利用されるとともに，業務の伸展に役立つことを願ってやみません。

　最後に，本書の編集に当たられた本会事業本部の方々をはじめ，企画に賛同の上，ご尽力いただいた執筆者各位に対し，深甚の謝意を申し述べます。

　令和６年５月

日本税理士会連合会

会長　太田　直樹

目　　次

凡　例

1．参照ページ数の表示例

　参照 第1部9.4 ➡ p.6

2．法令の略称（主要なものを掲げた。その他は準ずるものとする）

相法	相続税法
相令	相続税法施行令
相規	相続税法施行規則
相基通	相続税法取扱基本通達
財基通	財産評価基本通達
通法	国税通則法
通令	国税通則法施行令
所法	所得税法
法法	法人税法
地法	地方税法
措法	租税特別措置法
措通	租税特別措置法関係通達
平成29年改正法	所得税法等の一部を改正する法律（平成29年法律第4号）
平成31年改正法	所得税法等の一部を改正する法律（平成31年法律第6号）
令和3年改正法	所得税法等の一部を改正する法律（令和3年法律第11号）
令和4年改正法	所得税法等の一部を改正する法律（令和4年法律第4号）
令和5年改正法	所得税法等の一部を改正する法律（令和5年法律第3号）
家事法	家事事件手続法
保管法	法務局における遺言書の保管等に関する法律
日米相続税条約	遺産，相続及び贈与に対する租税に関する二重課税の回避及び脱税の防止のための日本国とアメリカ合衆国との間の条約
日米相続税条約の実施に伴う相続税法の特例令	遺産，相続及び贈与に対する租税に関する二重課税の回避及び脱税の防止のための日本国とアメリカ合衆国との間の条約の実施に伴う相続税法の特例等に関する法律の施行に関する省令
改正民法等の施行期日を定める政令	民法及び家事事件手続法の一部を改正する法律の施行期日を定める政令
保管法の期日を定める政令	法務局における遺言書の保管等に関する法律の施行期日を定める政令
円滑化法	中小企業における経営の承継の円滑化に関する法律

3．QRコード資料集（令和6年度税制改正関係）

　左記のQRコードをスキャンしていただくと，資料集のサイトにリンクされます。

第1部　民法

1　相続開始の原因・時期

相続開始の原因		要　件	相続開始の時期
死亡（民法882）		—	死亡時
失踪宣告 （民法30，31）	**普通失踪**	生死が7年間明らかでないとき	7年間の期間が満了した時
	特別失踪	危難が去った後，生死が1年間明らかでないとき	危難が去った時

2　相続開始の場所

相続は，被相続人の住所において開始する（民法883）。

3　相続人・相続順位・法定相続分

配偶者は常に相続人となり，血族相続人は下図の順位に従って相続人となる（民法887，889，890）。法定相続分は，下図に示す割合のとおりである（民法900）。

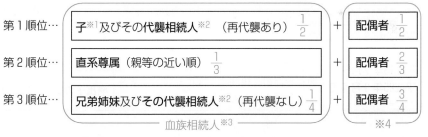

第1順位…　子[※1]及びその代襲相続人[※2]　（再代襲あり）$\frac{1}{2}$ ＋ 配偶者 $\frac{1}{2}$

第2順位…　直系尊属（親等の近い順）$\frac{1}{3}$ ＋ 配偶者 $\frac{2}{3}$

第3順位…　兄弟姉妹及びその代襲相続人[※2]（再代襲なし）$\frac{1}{4}$ ＋ 配偶者 $\frac{3}{4}$

血族相続人[※3] 　　　　　　[※4]

- [※1]　子には，養子や非嫡出子を含み，これらの者と実子や嫡出子との相続分に差はない 第1部4 ➡ p.2 。また，胎児は，死体で生まれたときを除き，相続については，既に生まれたものとみなされる（民法886）。
- [※2]　子や兄弟姉妹が，相続の開始以前に死亡したとき，又は欠格事由に該当し，若しくは廃除によって，その相続権を失ったときは，その者の子（直系卑属でない者を除く）がその代襲相続人となる。子の子については再代襲があるが，兄弟姉妹の子については，再代襲はない（被相続人にとって「甥姪の子」は相続人にはならない）（民法887②③，889②）。代襲相続人の相続分は，その直系尊属が受けるべきであったものと同じである（民法901）。また，相続の放棄をした者につい

ては，その相続に関しては，初めから相続人とならなかったものとみなされるため，代襲はない（民法939）。

※3　同順位の血族相続人が数人あるときは，各自の相続分は相等しい。ただし，父母の一方のみを同じくする兄弟姉妹の相続分は，父母の双方を同じくする兄弟姉妹の相続分の2分の1となる（民法900④）。

※4　配偶者には，いわゆる内縁関係の者は含まない。

4　嫡出子・非嫡出子

1　原則的な定義 （民法772）

◇　嫡　出　子…婚姻関係にある男女の間に生まれた子
◇　非嫡出子…婚姻関係にない男女の間に生まれた子

2　嫡出子の身分の取得 （民法789，809）

次に掲げる者（非嫡出子）は，次の時期に嫡出子としての身分を取得する。

身分を取得する者	取得事由	取得時期
父が認知した子	父母の婚姻	婚姻の時
婚姻中父母が認知した子	父母の認知	認知の時（法律上） 婚姻の時（通説）
養子	養子縁組	縁組の日

3　非嫡出子の相続分 （最高裁平成25年9月4日判決）

相続開始時期		非嫡出子の相続分
平成25年9月5日以降		嫡出子と同じ
平成13年7月〜 平成25年9月4日	下記以外（係争中等）	嫡出子と同じ
	関係者間の法律関係が既に裁判・合意等により確定的なものとなっている場合	嫡出子の$\frac{1}{2}$

5　養子 （普通養子・特別養子）

1　普通養子・特別養子 （民法817の2①）

◇　普通養子縁組…実の血族との親族関係が終了しない縁組
◇　特別養子縁組…実の血族との親族関係が終了する縁組

区　分		普通養子縁組	特別養子縁組
手続		当事者（養親・養子）の合意※1・届出※2	家庭裁判所の審判
実親	同意	養子が15歳未満のときは，その親権者が，代わって承諾することができる（民法797）	縁組の成立には，実親の同意が必要（民法817の6）
	親子関係	縁組前後で変わらない	終了する（民法817の9）
養親	年齢	20歳以上（民法792）	父母ともに20歳以上，かつ，父母のいずれかが25歳以上（民法817の4）
養子	年齢	養親よりも年少であること（民法793） →兄姉は不可，弟妹は可	原則，15歳未満（民法817の5）
縁組後の親権		養親（民法818②）	養親（民法818②）
相続	親の死亡時	・実親→相続人となる ・養親→相続人となる	・実親→相続人とならない ・養親→相続人となる
	相続税計算上の「法定相続人の数」へのカウント	・実子あり→1人まで ・実子なし→2人まで （相法15②）	実子の有無にかかわらず制限なし
離縁		原則，当事者間の協議（民法811①）	養子の利益を著しく害する事由があり，かつ，実父母が相当の監護をすることができる場合に限り，家庭裁判所の審判（民法817の10）

※1　ただし，配偶者のある者が未成年者を養子とするには，配偶者とともにしなければならない（配偶者の嫡出子を養子とする場合又は配偶者がその意思を表示することができない場合を除く）（民法795）。また，配偶者のある者が縁組をするには，その配偶者の同意が必要（配偶者とともに縁組をする場合又は配偶者がその意思を表示することができない場合を除く）（民法796）。

※2　未成年者を養子とするには，家庭裁判所の許可が必要（自己又は配偶者の直系卑属を養子とする場合を除く）（民法798）。

① 民法

② 他申告

③ 相続手続

④ 相続計算

⑤ 贈与税

⑥ 精算課税

⑦ 財産評価

⑧ 事業承継

⑨ 個人承継

2 普通養子縁組における養子の子（F）と養子の親（A・B・C・D）との関係

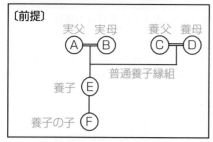

〔前提〕

実父　実母　　　養父　養母

Ⓐ—Ⓑ　　　Ⓒ—Ⓓ

普通養子縁組

養子　Ⓔ

養子の子　Ⓕ

養子の子（F）の出生時期	養子の親（A・B・C・D）との関係	
Eの養子縁組前	実親（A・B）との関係	血族関係は終了しない
	養親（C・D）との関係	血族関係は発生しない
Eの養子縁組後	実親（A・B）との関係	血族関係が発生する
	養親（C・D）との関係	血族関係が発生する

3 節税目的での養子縁組 （最高裁平成29年1月31日判決）

① 相続税の節税の動機と養子縁組をする意思とは，併存し得る。

② 専ら相続税の節税のために養子縁組をする場合でも，直ちに無効とはならない。

6 欠格・廃除・放棄

区　分	内　　容	相続権	代襲相続
欠格 （民法891）	相続人となるはずだった者に不正な事由がある場合に，その者の相続権を当然に失わせる制度 （例：被相続人の遺言を偽造・隠匿した）	× （なし）	○ （あり）
廃除 （民法892）	遺留分を有する推定相続人に著しい非行があった場合に，被相続人が生前に家庭裁判所に対する請求や遺言により，その者の相続権を失わせる制度 （例：被相続人に虐待をした等）	× （なし）	○ （あり）
放棄 （民法938, 939）	相続人となるはずだった者が自らの意思で相続人とならないことを家庭裁判所に申述することで，相続権を失う制度	× （なし）	× （なし）

7 相続の承認・放棄

　相続人は，熟慮期間[※]内に，相続について単純承認・限定承認・放棄のいずれかをしなければならない（民法915①）。いずれもしなかった場合には，単純承認をしたも

のとみなされる（民法921）。

区　分	内　　容	手　　続
単純承認 （民法920, 921）	相続人は，被相続人のすべての財産・債務を承継する	その意思表示や，次の行為 ① 相続財産の処分 ② 熟慮期間※内に限定承認又は放棄をしなかった ③ 限定承認又は放棄をした後に，相続財産の隠匿等をした
限定承認 （民法922〜 924）	相続人は，相続で得た財産の範囲内でのみ，被相続人の債務を承継する	熟慮期間※内に，共同相続人全員で，相続財産目録を作成，家庭裁判所へ提出，限定承認する旨を申述
放棄 （民法938, 939）	自らの意思で相続人とならないことを選択する制度であり，相続人は被相続人の一切の財産・債務を承継しない	熟慮期間※内に，家庭裁判所に放棄する旨を申述

※　自己のために相続の開始があったことを知った時から3か月以内（利害関係人等の家庭裁判所への請求により伸長可）（民法915①）。

8　相続人に未成年者がいる場合

　未成年者とその親権者とがともに相続人であり，その利益が相反する行為を必要とする場合※には，家庭裁判所にその未成年者の特別代理人の選任を請求する必要がある（民法826①）。
※　例えば，父が死亡した場合に，共同相続人である母と未成年者の子で遺産分割協議をする場合。

9　遺産分割

1　相続及び遺産分割の効力

相続開始の時にさかのぼってその効力を生ずる（民法909）

相続開始　　遺産分割

2 相続開始から遺産分割までの間の不動産所得の取扱い

◇ 相続人が数人あるときは，相続財産は，その共有に属する（民法898）。

◇ 相続財産について共有に関する規定を適用するときは法定相続分又は指定相続分による（民法898②）。

◇ 各共同相続人は，相続開始の時から，被相続人の財産に属した一切の権利義務を，その相続分に応じて承継する（民法896，899）。

⬇

相続開始から遺産分割までの間に，相続財産である賃貸不動産から生じた不動産所得は，各相続人の各相続分に応じて帰属する。遺産分割後に，実際の取得者に帰属させるために修正申告や更正の請求をすることはできない（最高裁平成17年9月8日判決）。

3 遺産分割の方法

区 分	内 容
現物分割	個々の財産を各共同相続人が分割する方法
代償分割	ある財産を特定の相続人が取得すると他の相続人の相続分が少なくなってしまう場合に，その財産を取得した相続人が他の相続人に金銭で支払いをして分割する方法
換価分割	遺産の全部又は一部を譲渡し，その代金を各共同相続人が分割する方法

4 遺言とは異なる遺産分割（民法907，908）

遺言があった場合においても，次の要件を満たすときは，遺産分割協議により，遺言と異なる内容の遺産分割をすることができる。

① 被相続人が遺言で遺言と異なる遺産分割を禁じていないこと

② 共同相続人の全員の同意があること

③ 相続人以外に受遺者がいる場合には，その同意があること

④ 遺言執行者がいる場合には，その同意があること

5 居住用不動産の持戻し免除

婚姻期間が20年以上の夫婦の一方である被相続人が，他方に対し，その居住用建物又はその敷地（居住用不動産）を遺贈又は贈与した場合には，持戻し免除の意思表示があったものと推定し，居住用不動産の価額を特別受益として扱わずに計算することができる（民法903④）。

6 相続された預貯金債権の仮払い制度

(1) 概要（家事法200③）

仮払いの必要性があると認められる場合には，他の共同相続人の利益を害しない限り，家庭裁判所の判断で仮払いが認められる。

(2) 家庭裁判所の判断を経ずに払戻しを求めることができる金額（民法909の2，民法909の2に規定する法務省令で定める額を定める省令）

各共同相続人は，遺産に属する預貯金債権のうち，口座ごとに次の計算式で求めら

れる額（ただし，同一の金融機関に対する権利行使額については150万円が限度）までについて，他の共同相続人の同意がなくても単独で払戻しをすることができる。

$$相続開始時の預貯金債権の額 \times \frac{1}{3} \times その払戻しを求める相続人の法定相続分$$

（参考）生命保険金の取扱い（最高裁平成16年10月29日判決）
◇　生命保険金は，基本的には，持ち戻しの対象とはならない（相続分に影響しない）。
◇　保険金受取人である相続人とその他の共同相続人との間に生ずる不公平が到底是認することができないほどに著しいものであると評価すべき特段の事情がある場合には，特別受益に準じて持ち戻しの対象となる。
◇　特段の事情の有無については，保険金の額，その額の遺産の総額に対する比率のほか，同居の有無，被相続人の介護等に対する貢献の度合いなどの保険金受取人である相続人及び他の共同相続人と被相続人との関係，各相続人の生活実態等の諸般の事情を総合考慮して判断する。

10　遺　　言

1　遺言の方式

方　式		内　　　容
普通方式	自筆証書遺言 （民法968）	遺言者が，その全文，日付及び氏名を自書し，これに押印することで作成する。 ただし，遺言に添付する財産目録は，自書ではなくパソコンで作成したり，銀行通帳のコピーや不動産の登記事項証明書等を目録として添付したり，他者に書いてもらったりすることができる（財産目録の各ページに署名・押印は必要）（民法968②）。
	公正証書遺言 （民法969）	次の方式に従って公正証書で作成する。 (1)　証人2人以上の立会い (2)　遺言者が遺言趣旨を公証人に口授 (3)　公証人が上記(2)を筆記し，遺言者・証人に読み聞かせ，又は閲覧 (4)　上記(3)が正確なことを遺言者・証人が承認，署名押印 (5)　公証人の付記，署名押印
	秘密証書遺言 （民法970）	次の方式に従って作成する。 (1)　遺言者が遺言書に署名押印 (2)　遺言者が遺言書に用いた印章で上記(1)を封印 (3)　遺言者が，公証人1人及び証人2人以上の前に封書を提出し，自己の遺言書である旨等を申述 (4)　公証人が，上記(3)の申述等を封紙に記載，遺言者・証人とともに署名押印

特別方式 ※	死亡危急時遺言 (民法976)	死亡の危急に迫った者が，次の方式に従って作成する。 (1) 証人3人以上の立会い (2) 証人のうち1人に遺言の趣旨を口授 (3) 口授を受けた証人が，上記(2)を筆記し，遺言者・他の証人に読み聞かせ (4) 上記(3)の正確なことを各証人が承認し，各自これに署名押印

※　特別方式の遺言には，上記の他，船舶遭難者遺言等がある。

2　自筆証書遺言の保管

①　遺言者は，遺言者の住所地若しくは本籍地又は遺言者が所有する不動産の所在地を管轄する遺言書保管所（法務大臣が指定する法務局・法務局の支局・出張所等）に対し，自筆証書遺言の保管を申請することができる（保管法1，2，4①③，保管法の期日を定める政令）。

②　上記の場合，遺言者の死亡後，遺言者の相続人等は遺言書保管所に保管されている自筆証書遺言について「遺言書情報証明書」の交付申請をすることができ，この場合は家庭裁判所における検認手続は不要（保管法9，11）。

③　遺言者の相続人等が「遺言書情報証明書」の交付を受け，又は遺言書保管所で遺言書の閲覧をしたときは，遺言書保管官から遺言者の相続人，受遺者及び遺言執行者に対し，遺言書を保管している旨の通知がされる（保管法9⑤）。

3　検認　(民法1004)

①　公正証書遺言以外の遺言については，相続開始後，遅滞なく，家庭裁判所の検認が必要（自筆証書の例外については，上記2②参照）。

②　封印のある遺言は，家庭裁判所において相続人又はその代理人の立会いのもと開封する。

4　包括遺贈・特定遺贈　(民法964)

区　分	内　容		放　棄
包括遺贈	財産の全部又は一部につき割合を指定してする遺贈		熟慮期間（上記7※印参照）内に行う（民法915①，990）
特定遺贈	具体的な財産を指定してする遺贈	相続人	熟慮期間（上記7※印参照）内に行う（民法915①）
		受遺者 （相続人以外）	いつでも放棄可能（民法986）

5　債務（遺言で相続分の指定がある場合）　(民法902の2)

被相続人が相続開始の時において有した債務の債権者は，遺言による相続分の指定にかかわらず，各共同相続人に対し，法定相続分に応じて権利行使できる。

ただし，その債権者が共同相続人の1人に対してその指定された相続分に応じた債務の承継を承認したときは，その指定された相続分に応じた権利行使となる。

11　相続人の存在が不明な場合

■ **手続の流れ**（民法951，952，957，927③準用，958の2，959）

6か月以上の一定期間　　　3か月

| 相続人の有無が不明（相続財産法人の成立） | ①相続財産清算人の選任及び公告　②相続人の権利を主張すべき旨の公告 | ①相続債権者・受遺者に，請求の申し出をすべき旨の公告　②知れている相続債権者・受遺者に，請求の申し出をすべき旨の催告 | 相続人不存在の確定 | 特別縁故者※による分与の請求 | 国庫に帰属 |

※　次の者をいう。
　①　被相続人と生計を同じくしていた者
　②　被相続人の療養看護に努めた者
　③　上記の他，被相続人と特別の縁故があった者

12　特別の寄与

特別寄与者※は，相続開始後，相続人に対し，その寄与に応じた額の金銭（特別寄与料）の支払を請求することができる（民法1050①）。また，その支払について当事者間に協議が調わない場合等には，一定期間内に，家庭裁判所にそれに代わる処分を請求することができる（民法1050②）。相続人が複数いる場合には，各相続人は法定相続分又は指定相続分に応じて特別寄与料を負担する（民法1050⑤）。
※　特別寄与者の要件（民法1050①）
　①　被相続人の親族（相続人，相続放棄をした者，及び相続権を失った者を除く）であること
　②　被相続人に対して無償で療養看護その他の労務提供をしたことにより，被相続人の財産の維持又は増加について特別の寄与をしたこと

13　遺留分

1　概要
(1)　遺留分とは
遺留分とは，兄弟姉妹以外の相続人（遺留分権利者）に保証される相続財産の一定割合のこと。

① 民 法
② 他 申 告
③ 相続手続
④ 相続計算
⑤ 贈 与 税
⑥ 精算課税
⑦ 財産評価
⑧ 事業承継
⑨ 個人承継

(2) **遺留分権利者となり得る相続人の範囲**（民法1042）

- ○　配偶者　　　　　　　　　　○　直系尊属
- ○　子及びその代襲相続人　　　×　兄弟姉妹

2　遺留分侵害額の計算

(1) **計算のイメージ図**（最高裁平成 8 年11月26日判決, 民法1042, 1043①, 1046②）

次頁のとおり。

(2) **遺留分の算定基礎財産に加算される一定の贈与**（民法1044, 1045①）

内　　容	加算対象となる期間
①　被相続人と受贈者が遺留分権利者に損害を加えることを知ってした贈与	期間制限なし
②　上記①以外で相続人に対する婚姻・養子縁組のため又は生計の資本としての贈与（p.11において，「生計の資本等の贈与」）	相続開始前10年間
③　上記①②以外の贈与	相続開始前 1 年以内

※　負担付贈与の場合の贈与財産の額＝目的物の価額−負担の価額

3　遺留分侵害額の請求

(1) **行使の方法**（最高裁昭和41年 7 月14日判決，民法1046）

相手方に対する意思表示によりする。

(2) **行使の相手方と負担順**（民法1046①, 1047①）

順　位	相手方
1	受遺者
2	受贈者（日付が新しいものから）

※　複数の遺贈や，同時に複数の贈与がある場合には，目的物の価額の割合に応じて負担する。

4　時効

遺留分侵害額の請求権は，次のうちいずれか早いときに消滅する（民法1048）。

① 相続開始及び遺留分を侵害する贈与又は遺贈を知った時から1年間行使しないとき

② 相続開始から10年間経過したとき

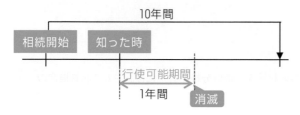

①民法　②他申告　③相続手続　④相続計算　⑤贈与税　⑥精算課税　⑦財産評価　⑧事業承継　⑨個人承継

相続人に対する生計の資本等の贈与は、相続開始前10年以内のものに限り加算

相続人の構成	遺留分割合
直系尊属のみ	$\frac{1}{3}$
上記以外	$\frac{1}{2}$

遺留分の算定基礎財産の額 × 総体的遺留分割合 × 法定相続分　A※1の法定相続分

期間制限なし

Aの特別受益　生計の資本等の贈与額＋遺贈財産の額

＝　遺留分の額

遺留分侵害額　遺留分侵害額

請求権は、金銭債権

Aが法定相続分に応じ承継する債務の額

Aの相続財産の額 ※2

一定の贈与財産の額（前頁2(2)）

債務の額

相続開始時の財産の額

遺贈財産の額

※1　上図において、遺留分権利者はAとする。
※2　遺産分割の対象財産がある場合には、Aが具体的相続分に応じて取得すべき財産の額

5 遺留分の放棄

(1) 被相続人の生前

① 家庭裁判所の許可を受けることにより，被相続人の生前に遺留分を放棄することができる（民法1049①）。

② 家庭裁判所では，遺留分を放棄する理由の合理性，必要性，代償財産の有無等が考慮される。

③ 遺留分の放棄が，被相続人の働きかけによるものであり，相続人の真意によるものと認められないとき等，許可されないこともある。

(2) 被相続人の死亡後

遺留分権利者は，特段の手続なく，自由に遺留分を放棄することができる。

6 遺留分の金銭債権化

遺留分侵害額の請求があった場合には，その金額に相当する金銭債権が生じる（民法1046①）。遺留分権利者から金銭の支払請求を受けた受遺者等が，金銭を直ちに準備できない場合には，その受遺者等は，裁判所に対し，金銭債務の支払につき期限の許与を求めることができる（民法1047⑤）。

7 固定合意・除外合意

現経営者の推定相続人全員が合意をし，経済産業大臣の確認及び家庭裁判所の許可を得ることにより，遺留分につき，次の特例措置の適用を受けることができる（円滑化法4①，7，8）。

区　分	内　　　　容
除外合意	現経営者から後継者に贈与等された自社株式について，遺留分の算定基礎財産から除外すること
固定合意	現経営者から後継者に贈与等された自社株式について，遺留分の算定基礎財産に算入する価額を合意時の時価（税理士等がその時における相当な価額として証明したものに限る）に固定すること

14　親族図

1 親族の定義

親族の範囲は次のとおり（民法725）。

① 6親等内の血族

② 配偶者

③ 3親等内の姻族

2 親族の範囲と親等 (民法725)

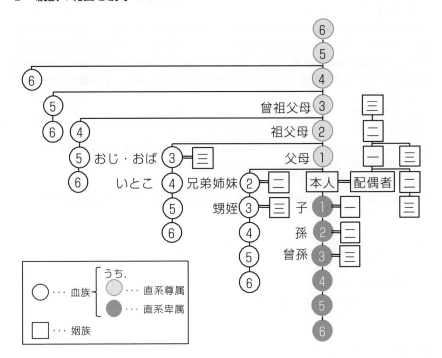

① 民法
② 他申告
③ 相続手続
④ 相続計算
⑤ 贈与税
⑥ 精算課税
⑦ 財産評価
⑧ 事業承継
⑨ 個人承継

15 配偶者居住権

1 自宅の所有権のイメージ

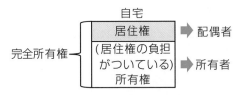

2 配偶者居住権

(1) 内容 (民法1028①)

　被相続人の死亡時にその被相続人の財産であった建物に居住していた配偶者は，遺産分割又は遺言によって，「配偶者居住権」を取得することができる。「配偶者居住権」とは，その建物の全部につき，無償で使用及び収益をする権利をいう。

(2) 存続期間 (民法1030)

　配偶者が亡くなるまで（遺産分割協議又は遺言で別段の定めをした場合にはその期間）。

3　配偶者短期居住権

(1)　内容　（民法1037①）

配偶者が上記2の配偶者居住権を取得した場合を除き，被相続人の死亡時にその被相続人の財産であった建物に無償で居住していた配偶者は，「配偶者短期居住権」を有する。「配偶者短期居住権」とは，その建物（以下，「居住建物」）の所有権を相続又は遺贈により取得した者（以下，「居住建物取得者」）に対し，居住建物に無償で使用する権利をいう。

(2)　存続期間　（民法1037①）

次の区分に応じ，それぞれに定める日まで。

① 　居住建物について遺産分割が必要な場合…以下のうちいずれか遅い日まで
　　イ　遺産分割により居住建物の帰属が確定した日
　　ロ　相続開始から6か月を経過する日
② 　上記①以外の場合…居住建物取得者が，配偶者短期居住権の消滅の申入れをしてから6か月を経過する日

16　贈　与

1　効力発生　（民法549）

贈与は，当事者の一方がある財産を無償で相手方に与える意思を表示し，相手方が受諾をすることによって，その効力を生ずる。

2　贈与の撤回　（民法550）

区　　　分		撤　　　回
書面による贈与		不可※
書面によらない贈与	履行済	不可※
	未履行	各当事者により，撤回可

※　税務上，贈与がなかったものとして取り扱う場合については，一定の要件がある。

☞第5部2.2(1)② ➡ p.69

第2部　相続に伴う所得税・消費税の申告・届出等

1　所得税

㊧…被相続人関係の手続
㊙…相続人関係の手続

区分	申告書・届出書	提出期限
㊧	**個人事業の開業・廃業等届出書** （所法229）	相続の開始を知った日から1か月以内
㊙	**個人事業の開業・廃業等届出書** （所法229）	同上
㊙	**所得税の青色申告承認申請書** （所法144，所基通144-1）	(1)　被相続人が青色申告者，かつ，相続人は事業を営んでいなかった場合 表： 死亡の日／提出期限 1/1～8/31／死亡の日から4か月以内 9/1～10/31／死亡の年12/31 11/1～12/31／翌年2/15 (2)　被相続人が白色申告者，かつ，相続人は事業を営んでいなかった場合 表： 死亡の日／提出期限 1/1～1/15／死亡の年3/15 1/16～12/31／死亡の日から2か月以内 (3)　相続人が相続開始前から事業を営んでいた（白色申告者）場合 …死亡の年3月15日まで
㊧	**死亡した年分の準確定申告書** （所法125）	相続の開始があったことを知った日の翌日から4か月以内
㊧	（1/1～3/15に，前年の確定申告をせずに死亡した場合） **前年分の準確定申告書**（所法124）	同上
㊙	**所得税の棚卸資産の評価方法・減価償却資産の償却方法の届出書**（所令123②）	その年分の確定申告期限まで

（右側縦書きタブ）
① 民法
② 他申告
③ 相続手続
④ 相続計算
⑤ 贈与税
⑥ 精算課税
⑦ 財産評価
⑧ 事業承継
⑨ 個人承継

2　消費税

㊫…被相続人関係の手続
㊍…相続人関係の手続

区分	申告書・届出書	提出期限
㊫	**個人事業者の死亡届出書** （消法57①四）	速やかに
㊍	**消費税課税事業者届出書** （消法57①一）	同上
㊫	死亡した課税期間分の**準確定申告書** （消法45③）	相続の開始があったことを知った日の翌日から4か月以内
㊫	（課税期間の末日の翌日からその申告書の提出期限までの間に，確定申告をせずに死亡した場合） 死亡した課税期間分の**準確定申告書** （消法45②）	相続の開始があったことを知った日の翌日から4か月以内
㊍	**消費税課税事業者選択届出書** （消法9④）	相続開始の年12月31日まで
㊍	**消費税簡易課税選択届出書** （消法37①）	同上

3　国外転出（贈与・相続）時課税

1　概要（所法60の3①）

一定の贈与者又は被相続人（下記**2**参照，以下「対象者」）が，所有又は契約を締結（以下「所有等」）している対象資産（下記**3**参照）を贈与又は相続若しくは遺贈（以下「贈与等」）により非居住者に移転した場合には，その贈与時又は相続開始時（以下「課税時期」）に，その対象者がその対象資産を譲渡又は決済（以下「譲渡等」）したものとみなして，その対象資産の含み益に所得税が課税される（相続又は遺贈の場合には，準確定申告が必要となる）。

2　対象者

課税時期において，次の①及び②のいずれにも該当する居住者をいう。

① 所有等している対象資産の課税時期における価額の合計額が1億円以上※である
② 課税時期前10年以内において国内に5年を超えて住所又は居所を有している

※「1億円以上」であるかどうかの判定における留意点は，次のとおり。
　イ　個々の資産の含み益の有無にかかわらず，すべての対象資産の価額の合計額で判定する。
　ロ　譲渡所得が非課税となる国債，地方債等の公社債，NISA口座内の有価証券

や国外で所有等している対象資産についても，国外転出時課税制度の対象資産として判定に含める。

3　対象資産
① 有価証券（株式，投資信託等）
② 匿名組合契約の出資持分
③ 未決済信用取引等
④ 未決済デリバティブ取引等

4　主な取扱い（所法60の3，137の3，153の3）

区　分	贈　　与	相続又は遺贈
原則	贈与者は，贈与年分の確定申告期限までに，贈与の時の価額で対象資産の譲渡等があったものとみなして，所得税の確定申告書の提出及び納税が必要である。	相続人は，相続開始があったことを知った日の翌日から4か月以内に，相続開始時の価額で対象資産の譲渡等があったものとみなして，被相続人の所得税の準確定申告書の提出及び納税が必要である。
特例（納税猶予）	贈与者が，申告年分の確定申告書に納税猶予の適用を受けようとする旨を記載するとともに，一定の明細書等を添付し，その確定申告書の提出期限までに，納税を猶予される所得税額及び利子税額に相当する担保を提供した場合は，国外転出（贈与）時課税により課税された所得税について，贈与の日から5年間納税を猶予することができ，納税猶予期間の満了日の翌日以後4か月を経過する日が納期限となる。	相続人が，準確定申告書に納税猶予の適用を受けようとする旨を記載するとともに，一定の明細書等を添付し，その準確定申告書の提出期限までに，所得税額及び利子税額に相当する担保を提供した場合には，国外転出（相続）時課税により課税された所得税について，相続開始の日から5年間納税を猶予することができ，納税猶予期間の満了日の翌日以後4か月を経過する日が納期限となる。 なお，対象資産を取得した非居住者である相続人等の全員が，相続開始があったことを知った日の翌日から4か月を経過した日の前日までに，納税管理人の届出をする必要がある。
納税猶予の継続届出	贈与者又は相続人は，納税猶予期間中は，各年の12月31日において受贈者又は相続人が所有等している対象資産につき，引き続き納税猶予の適用を受けたい旨等を記載した「国外転出をする場合の譲渡所得等の特例等に係る納税猶予の継続適用届出書」を翌年3月15日までに，所轄税務署長へ提出する必要がある。	

① 民法
② 他申告
③ 相続手続
④ 相続計算
⑤ 贈与税
⑥ 精算課税
⑦ 財産評価
⑧ 事業承継
⑨ 個人承継

納税猶予の継続届出	（継続適用届出書の提出がなかった場合には，その継続適用届出書の提出期限から4か月を経過する日に納税猶予期限が確定し，納税が猶予されていたすべての所得税及び利子税を納付する必要がある。）
納税猶予期間中の譲渡等	納税猶予期間中に納税猶予の適用を受けた対象資産を譲渡，決済又は限定相続等した場合には，それらの日から4か月を経過する日に納税猶予期限が確定し，その譲渡，決済又は限定相続等した部分につき納税が猶予されていた所得税及び利子税を納付する必要がある。
納税猶予期間中の帰国	納税猶予期間中に受贈者又は対象資産を取得した非居住者である相続人等の全員が帰国した場合には，帰国の日から4か月以内に更正の請求をすることにより，帰国の時まで引き続き所有等している納税猶予の適用を受けた対象資産について，国外転出（贈与・相続）時課税の適用がなかったものとして，贈与年分又は相続開始年分の所得税を再計算することができる。 ただし，この課税取消しをしない場合は，納税猶予期限が確定し，帰国の日から4か月以内に，納税が猶予されていた所得税及び利子税を納付する必要がある。
納税猶予の期限延長	贈与日又は相続開始日から5年を経過する日までに「国外転出をする場合の譲渡所得等の特例等に係る納税猶予の期限延長届出書」を所轄税務署へ提出することにより，納税猶予期限を5年延長（合計10年4か月）することができる。
納税猶予期間の満了	納税猶予の適用を受けた贈与者又は被相続人の相続人は，納税猶予期間の満了日の翌日以後4か月を経過する日までに納税猶予税額及び利子税を納付する必要がある。 また，納税猶予期間の満了日において，贈与日又は相続開始日から受贈者又は相続人等が引き続き所有等している対象資産の価額が贈与時又は相続開始時の価額よりも下落している場合には，贈与時又は相続開始時に納税猶予期間の満了日の価額で対象資産を譲渡等したものとみなして，国外転出（贈与・相続）時課税の申告をした年分の所得税を再計算することができる。この場合には，贈与者又は相続人は納税猶予期間の満了日から4か月以内に更正の請求をすることで，所得税を減額することができる。

第3部 相続税（手続等）

1 主な申告手続等のスケジュール

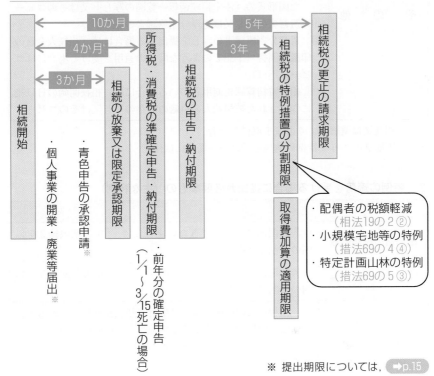

・配偶者の税額軽減
（相法19の2②）
・小規模宅地等の特例
（措法69の4④）
・特定計画山林の特例
（措法69の5③）

※ 提出期限については，→p.15

2 申告の際に提出する主な書類

1 共通

区　分	提　出　書　類
本人※1確認書類	(1) マイナンバー確認のための次のいずれかの書類 ①マイナンバーカード（裏面）の写し，②通知カードの写し，③住民票の写し（マイナンバーの記載があるもの）等 (2) 身元確認のための次のいずれかの書類 ①マイナンバーカード（表面）の写し，②運転免許証の写し，③身体障害者手帳の写し，④パスポートの写し，⑤在留カードの写し，⑥公的医療保険の被保険者証の写し等

そ　の　他	(1)　次のいずれかの書類 　①　被相続人のすべての相続人を明らかにする戸籍の謄本（相続開始の日から10日を経過した日以後に作成されたもの）又はそのコピー 　②　子の続柄が実子又は養子のいずれか分かるよう記載された図形式の「法定相続情報一覧図の写し」又はそのコピー (2)　遺言書の写し又は遺産分割協議書の写し^{※2} (3)　遺産分割協議書の写しを提出する場合には，相続人全員の印鑑証明書（下記 **2** のような特例の適用を受ける場合にはコピーは不可）^{※2} (4)　相続時精算課税適用者がいる場合には，相続開始の日以後に作成された被相続人の戸籍の附票の写し又はそのコピー

※1　相続又は遺贈により財産を取得した者
※2　下記 **2** のような特例の適用を受けない場合には任意

2　特例の適用を受ける場合に提出が必要なもの（主な特例）

区　分		提　出　書　類
配偶者の税額軽減		申告期限内に分割ができない場合には，「申告期限後 3 年以内の分割見込書」
小規模宅地等の特例	共　通	申告期限内に分割ができない場合には，「申告期限後 3 年以内の分割見込書」
	特定居住用宅地等	①　被相続人の同居親族又は生計一親族が適用を受ける場合には，特例の適用を受ける宅地等を自己の居住の用に供していることを明らかにする書類（配偶者又はマイナンバーを有する者は提出不要） ②　被相続人の親族で，相続開始前 3 年以内に自己又は自己の配偶者の所有する家屋に居住したことがないこと等一定の要件を満たす者が適用を受ける場合には，次の書類 　イ　相続開始前 3 年以内における住所又は居所を明らかにする書類（マイナンバーを有する者は提出不要） 　ロ　相続開始前 3 年以内に居住していた家屋が，自己，自己の配偶者，3 親等内の親族又は特別の関係がある一定の法人の所有する家屋以外の家屋である旨を証する書類 　ハ　相続開始時に自己の居住している家屋を相続開始前のいずれの時においても所有していたことがないことを証する書類 ③　被相続人が養護老人ホームに入所していたこと等一定の事由により相続開始の直前において被相続人の居住の用に供されていなかった宅地等について特例の適用を受ける場

小	特定居住用宅地等	合には，次の書類 イ　被相続人の戸籍の附票の写し（相続開始の日以後に作成されたもの） ロ　介護保険の被保険者証の写し等，被相続人が要介護認定等を受けていたことを明らかにする書類 ハ　施設の入所契約書の写し等，被相続人が入居等していた住居等の名称等を明らかにする書類
規模宅地等の特例	特定事業用宅地等	一定の郵便局舎の敷地の用に供されている宅地等の場合には，総務大臣が交付した証明書
	特定同族会社事業用宅地等	①　対象法人の定款の写し ②　対象法人の相続開始の直前における発行済株式の総数及び被相続人及び被相続人の親族その他被相続人と特別の関係がある者が有するその法人の株式の総数等を記載した書類（対象法人が証明したもの）
	貸付事業用宅地等	相続開始前3年以内に新たに被相続人等の特定貸付事業※の用に供されたものである場合には，被相続人等が相続開始の日まで3年を超えて特定貸付事業を行っていたことを明らかにする書類

※　貸付事業のうち準事業（事業と称するに至らない不動産の貸付けその他これに類する行為で相当の対価を得て継続的に行うもの）以外のもの　(措令40の2①⑲)

3　延納申請又は物納申請を行う場合に提出が必要なもの

区　分	提　出　書　類
延納申請	(1)　延納申請書 (2)　金銭納付を困難とする理由書 (3)　担保目録及び担保提供書 (4)　不動産等の財産の明細書 (5)　担保関係書類
物納申請	(1)　物納申請書 (2)　金銭納付を困難とする理由書 (3)　物納財産目録 (4)　物納手続関係書類

①　民　法
②　他申告
③　相続手続
④　相続計算
⑤　贈与税
⑥　精算課税
⑦　財産評価
⑧　事業承継
⑨　個人承継

3 相続税額の早見表 (各相続人が法定相続分により相続した場合)

（単位：万円）

課税価格 （基礎控除前）	配偶者がいる場合				配偶者がいない場合			
	子1人	子2人	子3人	子4人	子1人	子2人	子3人	子4人
5千万円	40	10	0	0	160	80	20	0
6千万円	90	60	30	0	310	180	120	60
7千万円	160	113	80	50	480	320	220	160
8千万円	235	175	137	100	680	470	330	260
9千万円	310	240	200	162	920	620	480	360
1億円	385	315	262	225	1,220	770	630	490
1億5千万円	920	748	665	587	2,860	1,840	1,440	1,240
2億円	1,670	1,350	1,217	1,125	4,860	3,340	2,460	2,120
2億5千万円	2,460	1,985	1,800	1,687	6,930	4,920	3,960	3,120
3億円	3,460	2,860	2,540	2,350	9,180	6,920	5,460	4,580
3億5千万円	4,460	3,735	3,290	3,100	11,500	8,920	6,980	6,080
4億円	5,460	4,610	4,155	3,850	14,000	10,920	8,980	7,580
4億5千万円	6,480	5,493	5,030	4,600	16,500	12,960	10,980	9,080
5億円	7,605	6,555	5,962	5,500	19,000	15,210	12,980	11,040
6億円	9,855	8,680	7,838	7,375	24,000	19,710	16,980	15,040
7億円	12,250	10,870	9,885	9,300	29,320	24,500	21,240	19,040
8億円	14,750	13,120	12,135	11,300	34,820	29,500	25,740	23,040
9億円	17,250	15,435	14,385	13,400	40,320	34,500	30,240	27,270
10億円	19,750	17,810	16,635	15,650	45,820	39,500	35,000	31,770
20億円	46,645	43,440	41,183	39,500	100,820	93,290	85,760	80,500

4 相続税の計算イメージ

詳第4部1 ➡ p.42

前提：相続人が配偶者＋子2人の場合

① 課税価格の計算

遺産総額：正味課税遺産額／非課税財産等／債務等

正味課税遺産額：正味課税遺産額／相続時精算課税に係る贈与財産／相続開始前7年以内の贈与財産

課税価格

課税遺産総額／基礎控除額

基礎控除額：3,000万円＋600万円×法定相続人の数

非課税財産
・生命保険金等の非課税
・退職手当金等の非課税　等

課税価格の減額特例
・小規模宅地等の減額特例　等

② 相続税の総額の計算

課税遺産総額

法定相続分で按分

妻（1/2）／子（1/4）／子（1/4）

超過累進税率の適用　下記7参照

税額／税額／税額

相続税の総額

③ 納付税額の計算

各人の実際の相続割合で按分

算出税額（妻）／算出税額（子）／算出税額（子）

税額控除

（妻）／納付税額（子）／納付税額（子）

配偶者控除
・法定相続分又は1億6千万円のいずれか大きい金額に対応する税額までを控除

未成年者控除
・「18歳に達するまでの年数×10万円」を控除

障害者控除
・「85歳に達するまでの年数×10万円※」を控除
　※ 特別障害者の場合：20万円

贈与税額の控除
・課税価格に算入した贈与財産につき課された贈与税相当額を控除
（控除しきれない相続時精算課税に係る贈与税相当額は還付）　等

① 民法
② 他申告
③ 相続手続
④ 相続計算
⑤ 贈与税
⑥ 精算課税
⑦ 財産評価
⑧ 事業承継
⑨ 個人承継

5 納税義務者と課税財産の範囲

■…無制限納税義務者（国内財産・国外財産ともに課税）
□…制限納税義務者（国内財産のみに課税）

下表中の青字は,相続税法の条文番号を示している。

被相続人 ＼ 相続人	国内に住所あり		国内に住所なし		
			日本国籍あり		日本国籍なし
	右記以外の者	一時居住者※1	10年以内に住所あり	10年以内に住所なし	
国内に住所あり	1の3①一イ	1の3①一ロ	1の3①二イ(1)	1の3①二イ(2)	1の3①二ロ
外国人被相続人※2		1の3①三		1の3①四	
国内に住所なし　10年以内に住所あり	1の3①一イ	1の3①一ロ	1の3①二イ(1)	1の3①二イ(2)	1の3①二ロ
外国人（非居住被相続人①※3①）		1の3①三		1の3①四	
10年以内に住所なし（非居住被相続人②※3②）		1の3①三		1の3①四	

（出所：国税庁HPをもとに作成）

※1 一時居住者
　　相続開始時に国内に住所があり在留資格を有する外国人（日本国籍を有しない人をいう。以下同じ）である相続人等で，相続開始前15年以内に国内に住所を有していた期間の合計が10年以下であるもの（相法1の3③一）。

※2 外国人被相続人
　　相続開始時に在留資格を有し，かつ，国内に住所を有していた外国人である被相続人（相法1の3③二）。

※3 非居住被相続人
　　相続開始時に国内に住所がなかった被相続人で，次の①又は②に掲げるものをいう（相法1の3③三）。
　　① 相続開始前10年以内のいずれかの時点で国内に住所を有していた外国人で，そのいずれの時においても日本国籍を有していなかったもの
　　② 相続開始前10年以内のいずれの時も国内に住所を有しなかったもの（日本人であるか外国人であるかを問わない）

6　納税地

1　被相続人の死亡時の住所地が国内の場合

被相続人の死亡時における住所地が納税地となる（相法附則3，相基通27-3）。

一般的には，被相続人の死亡の時における住所地を所轄する税務署長へ，相続人等が共同で申告書を提出する（相法27⑤）。

2　被相続人の死亡時の住所地が国外の場合

各納税義務者の住所の所在等に応じ，次の場所が納税地となる（相法62）。

納税義務者の住所の所在等		納税地
死亡時に国内に住所がある者	下記以外	その者の住所地（住所がないこととなった場合には居所地）
	申告期限前に国内に住所及び居所を有しないこととなる者	その者が定めて申告した納税地。その申告がないときは国税庁長官が指定した納税地
死亡時に国内に住所がない者		

7　相続税の税額表（相法16）

法定相続分に応ずる取得金額		税率	控除額
	1,000万円以下	10%	－
1,000万円超	3,000万円以下	15%	50万円
3,000万円超	5,000万円以下	20%	200万円
5,000万円超	1億円以下	30%	700万円
1億円超	2億円以下	40%	1,700万円
2億円超	3億円以下	45%	2,700万円
3億円超	6億円以下	50%	4,200万円
6億円超		55%	7,200万円

8　申告（期限内・期限後・修正申告・更正の請求）・納付

1　税額の確定又は修正の当事者・手続

当事者	当初税額の確定	税額の修正
納税者	（原則）期限内申告 （例外）期限後申告	（増額）修正申告 （減額）　—※
税務署長	決定	更正（増額・減額）

※　税務署長に対して，更正の請求をすることができる。

① 民法　② 他申告　③ 相続手続　④ 相続計算　⑤ 贈与税　⑥ 精算課税　⑦ 財産評価　⑧ 事業承継　⑨ 個人承継

2　提出期限及び納期限 (通法23, 35②一, 相法27①, 30①, 31, 32①, 33)

申告等	要件等	提出期限	納期限
期限内申告	被相続人から相続・遺贈・相続時精算課税贈与により財産を取得し，相続税額があるとき（申告要件のある特例措置の適用を受けることにより相続税額がないこととなる場合を含む）	相続の開始があったことを知った日の翌日から10か月以内	同左
期限後申告	期限内申告書の提出義務があるのに提出していない場合	できるだけ早く（決定があるまで）	申告書提出日
修正申告	申告内容の誤りに気がついた場合等（下記の場合を除く）	できるだけ早く（更正があるまで）	申告書提出日
	特別縁故者に対する財産分与があった場合	左記の事由が生じたことを知った日の翌日から10か月以内	同左
	特別寄与料の額が確定した場合		
更正の請求	申告内容の誤りに気がついた場合等	法定申告期限から5年以内（後発的理由等による場合は，事実発生の翌日から2か月又は4か月以内）	

9　連帯納付義務 (相法34, 相令10の2)

連帯納付義務者	連帯納付義務対象額	限度額
同一の被相続人から相続又は遺贈により財産を取得したすべての者	その相続又は遺贈により取得した財産に係る**相続税**※	相続又は遺贈により受けた利益の価額
	その被相続人に係る**相続税**又は**贈与税**	
相続税の課税価格計算の基礎となった財産を，その後の贈与・遺贈・寄附行為により取得した者	贈与者・遺贈者・寄附行為をした者のその財産に係る**相続税**	受けた利益の価額

※　ただし，次の場合には，次の相続税については，連帯納付義務は負わない。

区　　　分	連帯納付義務のない相続税
相続税の申告期限から5年を経過する日までに，税務署長が連帯納付通知を発していない場合	納付すべき相続税額に係る相続税
本来の納税義務者が延納の許可を受けた場合	延納の許可を受けた相続税額に係る相続税
本来の納税義務者が，相続又は遺贈により取得した農地・山林・特定美術品・個人事業用資産・非上場株式等・医療法人の持分につき，納税猶予の適用を受けた場合	納税猶予がされた相続税額に係る相続税

10　更正決定

相続税の更正又は決定は，相続税の法定申告期限から5年を経過した日以後においては，することができない（通法70①一）。

11　延納

1　概要

国税は金銭一時納付が原則であるが，一定要件を満たす場合には，申告又は更正・決定により納付すべき相続税につき，金銭一時納付を困難とする金額を限度として，延納することができる。ただし，延納期間中は利子税がかかる。

2　適用要件 （通法35①②，相法38①④，39①）

① 納付すべき相続税額が10万円を超えること
② 納期限までに，又は納付すべき日に金銭で納付することを困難とする事由があること
③ 納期限又は納付すべき日までに「延納申請書」及び「担保提供関係書類」を提出すること
④ 延納税額に相当する担保を提供すること（延納税額が100万円以下，かつ，延納期間が3年以下である場合には，担保提供は不要）

3　延納許可限度額 （相令12）

①	納付すべき相続税額	
現金納付額	②	納期限又は納付すべき日において有する現金，預貯金その他の換価が容易な財産の価額
	③	申請者及び生計を一にする配偶者その他の親族の3か月分の生活費
	④	申請者の事業継続のために当面必要な運転資金の額（1か月分の経費等）
	⑤	納期限に金銭で納付することが可能な金額（現金納付額）（②－③－④）
⑥	延納許可限度額（①－⑤）	

4　必要担保額

担保財産の見積価額（下記5） ＞ 延納税額 ＋ 第1回目の分納期間にかかる利子税の額（下記6）※ ×3

※ 第1回目の分納期間が1年未満のときは，1年として計算した額

5　担保の種類及び見積価額 （通法50，相基通39-2）

担保財産は，次のうちから可能な限り処分が容易で，価額の変動のおそれが少ないものを選択する。

① 民法
② 他申告
③ 相続手続
④ 相続計算
⑤ 贈与税
⑥ 精算課税
⑦ 財産評価
⑧ 事業承継
⑨ 個人承継

担保の種類※1・2	見 積 価 額
国債	原則として券面金額
地方債，有価証券で税務署長等が確実と認めるもの※3	地方債，社債及び株式その他の有価証券については，評価の8割以内において担保提供期間中に予想される価額変動を考慮した金額
土地	時価の8割以内において適当と認める金額
建物，立木，登記される船舶等，保険に附したもの	時価の7割以内において担保提供期間中に予想される価額の減耗等を考慮した金額
鉄道財団，工場財団等	
税務署長等が確実と認める保証人の保証	延納税額が不履行（滞納）となった場合に，保証人から徴収（保証人の財産を滞納処分の例により換価することによる弁済を含む）することができると見込まれる金額

※1　第三者の所有する財産も担保として提供することができる。

※2　担保不適格財産

一般的に，次のような財産は担保不適格とされる。

① 共同相続人間で所有権を争っている場合等，係争中のもの

② 売却できる見込みのないもの

③ 共有財産の持分（共有者全員が持分全部を提供する場合を除く）

※3　取引相場のない株式については，次のいずれかの場合に限り，担保として提供することができる。

① 相続等により取得した財産のほとんどが取引相場のない株式で，かつ，その株式以外に延納担保として提供すべき適当な財産がないと認められる場合

② 取引相場のない株式以外に財産はあるが，その財産が他の債務の担保となっており，延納担保として提供するのが適当ではないと認められる場合

6　延納期間・利子税 （相法38①，措法70の8の2～70の11，相令13）

延納可能期間及び延納利子税割合（各年の延納特例基準割合※1が7.3％に満たない場合には特例割合※2）は，相続財産に占める不動産等※3の割合に応じて次のとおり。

区　　分		延納期間（最長）※5	延納利子税割合(年)	令和6年の特例割合
不動産等の割合が75％以上の場合	(1) 動産等に係る延納相続税額	10年	5.4％	0.6％
	(2) 不動産等に係る延納相続税額（(3)を除く）	20年	3.6％	0.4％
	(3) 森林計画立木の割合が20％以上の森林計画立木に係る延納相続税額	20年※6	1.2％	0.1％

不動産等の割合が50%以上75%未満の場合	(4) 動産等に係る延納相続税額	10年	5.4%	0.6%
	(5) 不動産等に係る延納相続税額（(6)を除く）	15年	3.6%	0.4%
	(6) 森林計画立木の割合が20%以上の森林計画立木に係る延納相続税額	20年※6	1.2%	0.1%
不動産等の割合が50%未満の場合	(7) 一般の延納相続税額（(8)～(10)を除く）	5年	6.0%	0.7%
	(8) 立木の割合が30%を超える場合の立木に係る延納相続税額（(10)を除く）	5年	4.8%	0.5%
	(9) 特別緑地保全地区等内の土地に係る延納相続税額	5年	4.2%	0.5%
	(10) 森林計画立木の割合が20%以上の森林計画立木に係る延納相続税額	5年	1.2%	0.1%

※1　各分納期間の開始の日の属する年の前々年の9月から前年の8月までの各月における銀行の新規の短期貸出約定平均金利の合計を12で除して得た割合として各年の前年の11月30日までに財務大臣が告示する割合に，年0.5%の割合を加算した割合をいう（令和6年は0.9%）。

※2　次の算式により計算した割合をいう（令和6年は上表参照）。

> 延納利子税割合（年）× 延納特例基準割合÷7.3%（0.1%未満切捨）

※3　不動産，立木，不動産の上に存する権利，事業用の減価償却資産並びに特定同族会社※4の株式及び出資をいう。

※4　相続又は遺贈により財産を取得した者及びその親族その他の特別関係者（相令31①）の有する株式の数又は出資の金額が，その会社の発行済株式の総数又は出資の総額の50%超を占める非上場会社をいう。

※5　延納税額が150万円未満（上記(2)(3)(6)の場合は200万円未満）の場合には，不動産等の価額の割合が50%以上（上記(2)(3)に該当する場合は75%以上）であっても，延納期間は，次により計算した年数が限度となる。

> 延納税額÷10万円＝延納期間（1未満切上）

※6　特定森林経営計画又は市町村長等から認定を受けた一定の森林経営計画は40年。

7　担保提供関係書類の提出期限・審査期間

(1)　提出期限（相法39①⑥⑧，相規20②）

「延納申請書」及び「担保提供関係書類」は，延納申請に係る相続税の納期限まで又は納付すべき日に，被相続人の死亡の時における住所地を所轄する税務署に提出する。ただし，「担保提供関係書類」については，延納申請期限までにその全部又は一部を提出できない場合には，提出期限を延長することができる（最長6か月）。

① 民法　② 他申告　③ 相続手続　④ 相続計算　⑤ 贈与税　⑥ 精算課税　⑦ 財産評価　⑧ 事業承継　⑨ 個人承継

(2) 審査期間（相法39②㉓㉔㉘）

　延納申請書の提出期限の翌日から3か月以内（審査期間）に許可又は却下が行われる。ただし，延納申請に係る担保財産が多数ある場合等には，審査期間は最長6か月まで延長される場合がある。審査期間を経過しても許可又は却下がない場合には，その延納申請は許可されたものとみなされる。

8　物納への変更（相法48の2）

　延納の許可を受けた相続税額について，その後に延納条件を履行することが困難となった場合には，申告期限から10年以内に限り，分納期限が未到来の税額部分について，延納から物納への変更を行うことができる。

12　物納

1　概要（相法41①，53①）

　国税は金銭納付が原則であるが，一定要件を満たす場合には，申告又は更正・決定により納付すべき相続税につき，延納によっても金銭納付を困難とする金額を限度として，物納をすることができる。ただし，物納に係る相続税の納期限又は納付すべき日の翌日から物納申請財産の収納の日までの期間等について，利子税がかかる。

2　適用要件（通法35①②，相法41①②④⑤，42①）

① 延納によっても金銭で納付することが困難な金額の範囲内であること
② 物納申請財産が定められた種類の財産で申請順位によっていること
③ 納期限又は納付すべき日までに「物納申請書」及び「物納手続関係書類」を提出すること

3　物納許可限度額（相基通38-2，41-1）

①	納付すべき相続税額		
②	現金納付額　第3部11.3⑤➡p.27		
延納による納付可能額	③	年間の収入見込額	
	④	申請者及び生計を一にする配偶者その他の親族の年間の生活費	
	⑤	申請者の事業の継続のために必要な運転資金（経費等）の額	
	⑥	年間の納付資力（③-④-⑤）	
	⑦	おおむね1年以内に見込まれる臨時的な収入	
	⑧	おおむね1年以内に見込まれる臨時的な支出	
	⑨	第3部11.3③④の金額➡p.27	
	⑩	延納による納付可能金額（⑥×最長延納年数＋（⑦-⑧+⑨））	
⑪	物納許可限度額（①-②-⑩）		

4　物納申請財産の選定 （相法41②）

(1)　物納申請財産の要件
① 　物納申請者が相続により取得した財産で日本国内にあること
② 　管理処分不適格財産（下記(2)参照）でないこと
③ 　物納申請財産の種類及び順位（下記(3)参照）に従っていること
④ 　物納劣後財産（下記(4)参照）に該当する場合は，他に適当な価額の財産がないこと
⑤ 　物納に充てる財産の価額は，原則として，物納申請税額を超えないこと

(2)　管理処分不適格財産 （相令18，相規21）

区　分	内　　容
不動産	① 　担保権の設定の登記がされていることその他これに準ずる事情がある不動産 ② 　権利の帰属について争いがある不動産 ③ 　境界が明らかでない土地 ④ 　隣接する不動産の所有者その他の者との争訟によらなければ通常の使用ができないと見込まれる不動産 ⑤ 　他の土地に囲まれて公道に通じない土地で民法210条の規定による通行権の内容が明確でないもの ⑥ 　借地権の目的となっている土地で，その借地権を有する者が不明であることその他これに類する事情のあるもの ⑦ 　他の不動産と社会通念上一体として利用されている不動産若しくは利用されるべき不動産又は2以上の者の共有に属する不動産 ⑧ 　耐用年数を経過している建物 ⑨ 　敷金の返還に係る債務その他の債務を国が負担することとなる不動産（申請者において清算することを確認できる場合を除く） ⑩ 　管理又は処分を行うために要する費用の額がその収納価額と比較して過大となると見込まれる不動産 ⑪ 　公の秩序又は善良の風俗を害するおそれのある目的に使用されている不動産その他社会通念上適切でないと認められる目的に使用されている不動産 ⑫ 　引渡しに際して通常必要とされている行為がされていない不動産（上記①に掲げるものを除く） ⑬ 　地上権，永小作権，賃借権その他の使用及び収益を目的とする権利が設定されている一定の不動産
株式	① 　譲渡に関して金融商品取引法その他の法令の規定により一定の手続が定められている株式で，その手続がとられていない株式 ② 　譲渡制限株式 ③ 　質権その他の担保権の目的となっている株式 ④ 　権利の帰属について争いのある株式 ⑤ 　2以上の者の共有に属する株式（共有者全員がその株式について物納の許可を申請する場合を除く）

① 民法　② 他申告　③ 相続手続　④ 相続計算　⑤ 贈与税　⑥ 精算課税　⑦ 財産評価　⑧ 事業承継　⑨ 個人承継

株	⑥　暴力団員等によりその事業活動を支配されている株式会社又は暴力
式	団員等を役員（取締役，会計参与，監査役及び執行役）とする株式会
	社が発行した株式（取引相場のない株式に限る）
上記以外 の財産	物納財産の性質が不動産又は株式に定める財産に準ずるものとして税務 署長が認めるもの

(3)　物納財産の種類及び順位 （相法41②④⑤，措法70の12，相基通41-5）

　物納財産は，納付すべき相続税額の課税価格計算の基礎となった相続財産※のうち，次に掲げる財産及び順位（次の①から⑤の順）で，原則として，物納申請税額を超えないよう選定する。なお，相続開始前から被相続人が所有していた特定登録美術品は，この順位によることなく物納に充てることができる。

順　　位	物納財産の種類※
第1順位	①　不動産，船舶，国債証券，地方債証券，上場株式等 ②　不動産及び上場株式のうち物納劣後財産（下記(4)参照）
第2順位	③　非上場株式等 ④　非上場株式のうち物納劣後財産（下記(4)参照）
第3順位	⑤　動産

※　相続財産により取得した財産や，相続開始前に被相続人からの暦年贈与により取得した財産で相続税の課税価格の計算の基礎となったものを含み，相続時精算課税の適用を受ける贈与によって取得した財産を除く。

(4)　物納劣後財産 （相法41④，相令19）

区　分	内　　　　容
不 動 産	①　地上権，永小作権若しくは耕作を目的とする賃借権，地役権又は入会権が設定されている一定の土地 ②　法令の規定に違反して建築された建物及びその敷地 ③　次に掲げる事業が施行され，その施行に係る土地につき，それぞれ次に規定する法律の定めるところにより仮換地の指定又は一時利用地の指定がされていない土地 　イ　土地区画整理法による土地区画整理事業 　ロ　新都市基盤整備法による土地整理 　ハ　大都市地域における住宅及び住宅地の供給の促進に関する特別措置法による住宅街区整備事業 　ニ　土地改良法による土地改良事業 ④　現に納税義務者の居住の用又は事業の用に供されている建物及びその敷地（その納税義務者がその建物及びその敷地について物納の許可の申請をする場合を除く） ⑤　配偶者居住権の目的となっている建物及びその敷地 ⑥　劇場，工場，浴場その他の維持又は管理に特殊技能を要する建物及びこれらの敷地

不動産	⑦ 建築基準法43条1項に規定する道路に2m以上接していない土地 ⑧ 都市計画法29条1項又は2項の都道府県知事の許可を受けなければならない開発行為をする場合において，その開発行為が一定の開発許可基準に適合しないときにおけるその開発行為に係る土地 ⑨ 都市計画法7条2項に規定する市街化区域以外の区域にある土地（宅地として造成することができるものを除く） ⑩ 農業振興地域の整備に関する法律8条1項の農業振興地域整備計画において同条2項1号の農用地区域として定められた区域内の土地 ⑪ 森林法の規定により保安林として指定された区域内の土地 ⑫ 法令の規定により建物の建築をすることができない土地等 ⑬ 過去に生じた事件又は事故その他の事情により，正常な取引が行われないおそれのある不動産及びこれに隣接する不動産
株式	事業を休止（一時的な休止を除く）している法人の株式

(5) 収納価額 (相法43①，相基通43-3)

① 原則

収納価額は，相続税の課税価格計算の基礎となった相続財産の価額となる。したがって，小規模宅地等の特例等の適用を受けた相続財産を物納する場合の収納価額は，これらの特例適用後の価額となる。

② 例外

収納の時までに物納財産の状況に相続時と比べて次のような著しい変化があった場合には，収納価額は，収納の時の現況により評価した価額となる。

区　分	内　　　　容
共通	財産の使用，収益又は処分について制限が付けられた場合
不動産	イ 土地の地目変換があった場合 ロ 荒地となった場合 ハ 竹木の植付け又は伐採をした場合 ニ 所有権以外の物権又は借地権の設定，変更又は消滅があった場合 ホ 配偶者居住権の設定，変更又は消滅があった場合 ヘ 家屋の損壊又は増築があった場合 ト 自家用家屋が貸家となった場合 チ 引き続き居住の用に供する土地又は家屋を物納する場合
株式	イ 震災，風水害，落雷，火災その他天災により法人の財産が甚大な被害を受けたことその他の事由[※]によりその法人の株式又は出資証券の価額が評価額より著しく低下したような場合 ロ 相続開始時に清算中の法人又は相続開始後解散した法人がその財産の一部を株主又は出資者に分配した場合

※ 上場株式の価額が証券市場の推移による経済界の一般的事由に基づき低落したような場合には，この「その他の事由」に該当しない。

5 超過物納（相法41①，43②，措法40の3）

(1) 原則

相続税額を超える価額の財産の物納（超過物納）をすることはできない。

(2) 例外

物納財産の性質，形状その他の特徴により税務署長がやむを得ない事情があると認める場合には，超過物納の許可を受けることができる。

〔超過物納が認められる例〕（相基通41-3）

① 土地の場合で，物納申請税額となるよう分割した場合には，通常の用途に供することができない状況が生じることとなると認められる場合

② 建物，船舶，動産等のように，分割することが困難な財産である場合

③ 法令等により一定の数量又は面積以下に分割することが制限されている場合

---

(3) 超過物納に係る物納財産の収納価額と相続税額との差額（相基通41-4）

超過物納があった場合には，その物納財産の収納価額とその許可に係る相続税額の差額は，過誤納金として金銭で還付され，その差額部分については，通常の譲渡の場合と同様に譲渡所得の課税対象となる。

この場合の課税時期は，物納財産の引渡し，所有権の移転登記その他第三者に対抗することができる要件を充足した日となる。なお，譲渡所得等の計算においては，国への譲渡として，優良住宅地等のための譲渡の軽減税率の特例（措法31の2②一），短期譲渡所得の軽減税率の特例（措法32③）の適用があり，相続税の申告期限から3年以内の物納の場合には相続税額の取得費加算の特例（措法39）の適用がある。

6 物納手続関係書類の提出期限・審査期間

(1) 提出期限（相法42①④⑤⑥）

「物納申請書」及び「物納手続関係書類」は，物納申請に係る相続税の納期限まで又は納付すべき日に，被相続人の死亡の時における住所地を所轄する税務署に提出する。ただし，「物納手続関係書類」については，物納申請期限までにその全部又は一部を提出できない場合には，一定の届出書を提出することにより，提出期限を延長することができる（最長1年）。

(2) 審査期間（相法42②⑯⑰⑱㉛）

物納申請書の提出期限の翌日から3か月以内（審査期間）に許可又は却下が行われる。ただし，物納申請財産が多数ある場合等には，審査期間は最長9か月まで延長される場合がある。審査期間を経過しても許可又は却下がない場合には，その物納申請は許可されたものとみなされる。

13 延滞税・加算税

1 延滞税

(1) 概要

相続税が納期限までに納付されない場合には，原則として「法定納期限の翌日」から「納付日」までの日数に応じて，利息に相当する延滞税が課される。なお，延滞税は本税だけを対象として課されるものであり，加算税等に対しては課されない。

(2) 延滞税の割合 （通法35，60，措法94）

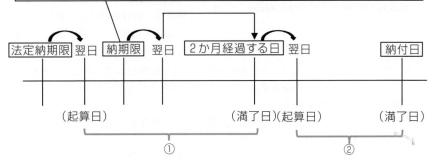

期限内・期限後・修正申告：上記8 2表中の「納期限」参照
更　　正　　・　　決　　定：更正又は決定の通知が発せられた日の翌日から起算して1か月を経過する日

延滞税	① 「法定納期限の翌日」から「納期限の翌日から2か月を経過する日」まで	② 「納期限の翌日から2か月を経過する日の翌日」から「納付日」まで
原則	年7.3%	年14.6%
特例	「年7.3%」と「延滞税特例基準割合※+1%」とのうち，いずれか低い割合	「年14.6%」と「延滞税特例基準割合+7.3%」とのうち，いずれか低い割合
具体的割合	令和4.1.1 ～ 同6.12.31　年2.4% 令和3.1.1 ～ 同3.12.31　年2.5% 平成30.1.1 ～ 令和2.12.31　年2.6% 平成29.1.1 ～ 同29.12.31　年2.7% 平成27.1.1 ～ 同28.12.31　年2.8% 平成26.1.1 ～ 同26.12.31　年2.9%	令和4.1.1 ～ 同6.12.31　年8.7% 令和3.1.1 ～ 同3.12.31　年8.8% 平成30.1.1 ～ 令和2.12.31　年8.9% 平成29.1.1 ～ 同29.12.31　年9.0% 平成27.1.1 ～ 同28.12.31　年9.1% 平成26.1.1 ～ 同26.12.31　年9.2%

※　各年の前々年の9月から前年の8月までの各月における銀行の新規の短期貸出約定平均金利の合計を12で除して得た割合として各年の前年の11月30日までに財務大臣が告示する割合に，年1%の割合を加算した割合をいう（令和6年は1.4%）。

(3) 延滞税の計算期間の特例 （通法61）

次のAの事由に該当する修正申告又は更正に係る延滞税については，それぞれ次のBの期間を除外して計算する。

A：延滞税の計算期間の特例に係る事由	B：延滞税の計算から除外される期間
①　期限内申告があった場合で，その法定申告期限から1年経過後に(イ)修正申告※1又は(ロ)更正※2があった場合	「その法定申告期限から1年を経過する日の翌日」から「修正申告又は更正の日」までの期間
②　期限後申告があった場合で，その提出日の翌日から1年経過後に(イ)修正申告※1又は(ロ)更正※2があった場合	「その申告書の提出があった日の翌日から起算して1年を経過する日の翌日」から「修正申告又は更正の日」までの期間

③　確定申告（期限内申告又は期限後申告）に係る減額更正の後に，㋑修正申告又は㋺増額更正があった場合 ※3	㋑　「確定申告書に係る納付日（法定納期限前の場合は，法定納期限）の翌日」から「減額更正に係る更正通知書が発せられた日」までの期間
	㋺　「減額更正の日（更正の請求に基づく場合は，同日の翌日から起算して1年を経過する日）の翌日」から「修正申告又は増額更正の日」までの期間

※1　偽りその他不正行為により相続税を免れ，又は相続税の還付を受けた納税者がその相続税についての調査があったことにより更正があるべきことを予知して提出した修正申告書を除く。

※2　偽りその他不正行為により相続税を免れ，又は相続税の還付を受けた納税者についてされた相続税に係る更正を除く。

※3　計算期間の特例の適用を受けられるのは，期限内申告又は期限後申告に係る税額に達するまでの部分に限る。また，上記※1に該当する修正申告又は上記※2に該当する更正の場合には，除外される期間は，上記③の㋑の期間に限る（以下(4)において同じ）。

(4)　**図解**

①　基本的な取扱い

　　イ　期限内申告

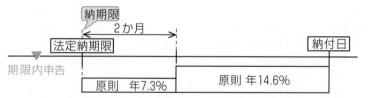

　　ロ　期限後申告・修正申告

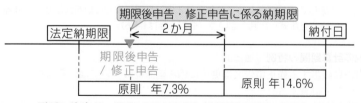

　　ハ　更正・決定

　　　　※　更正又は決定の通知が発せられた日（以下同じ）

② 計算期間の特例
イ　上記(3)①(イ)の場合（期限内申告→修正申告）

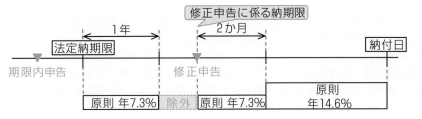

ロ　上記(3)①(ロ)の場合（期限内申告→更正）

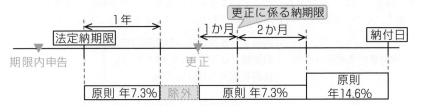

ハ　上記(3)②(イ)の場合（期限後申告→修正申告）

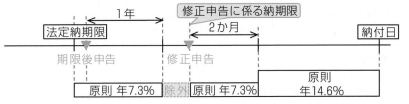

ニ　上記(3)②(ロ)の場合（期限後申告→更正）

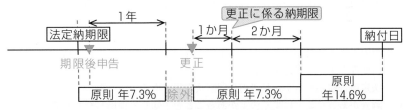

ホ　上記(3)③(イ)の場合（期限内申告→減額更正→修正申告）

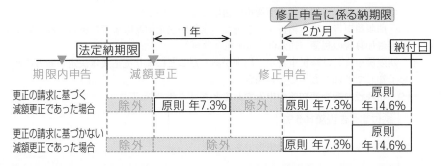

① 民法
② 他申告
③ 相続手続
④ 相続計算
⑤ 贈与税
⑥ 精算課税
⑦ 財産評価
⑧ 事業承継
⑨ 個人承継

2 加算税

(1) 過少申告加算税

① 原則

　期限内申告又は一定の期限後申告があった場合において，修正申告又は更正があったときは，過少申告加算税が課される（通法65①）。

② 例外

　修正申告が，調査があったことにより更正があることを予知してされたものでなく，かつ，相続税の調査通知前に行われたものである場合には，過少申告加算税は課されない（通法65⑤）。

③ 過少申告加算税の税額（通法65①②）

　イ　修正申告が，調査があったことにより更正があることを予知してされたものでなく，かつ，相続税の調査通知後に行われたものである場合

納付すべき税額×5％	納付すべき税額のうち期限内申告の税額又は50万円のいずれか多い金額を超える部分は10％

　ロ　上記②及びイ以外（更正又はこれを予知した修正申告があった場合）

納付すべき税額×10％	納付すべき税額のうち期限内申告の税額又は50万円のいずれか多い金額を超える部分は15％

(2) 無申告加算税

① 原則（通法66①）

　次の場合には，無申告加算税が課される。

　イ　期限後申告又は決定があった場合

　ロ　期限後申告又は決定があった後に修正申告又は更正があった場合

② 例外

　次の場合には，無申告加算税が課されない（通法66①⑨，通令27の2①）。

　イ　期限内申告をしなかったことに，正当な理由があると認められる場合

　ロ　次の要件をすべて満たす場合

　　(イ)　法定申告期限から1か月以内の期限後申告である

　　(ロ)　調査があったことにより決定があることを予知して提出したものでない

　　(ハ)　過去5年以内に相続税について，無申告加算税又は重加算税を課されたことがなく，無申告加算税の不適用の適用も受けていない

　　(ニ)　期限後申告に係る納付すべき税額の全額が法定納期限までに納付されている

③ 無申告加算税の税額（通法66①②④⑤⑥⑦⑧）

　イ　期限後申告又は修正申告が，調査があったことにより更正又は決定があることを予知してされたものでない場合

　　(イ)　相続税の調査通知前の申告であるとき

納付すべき税額×5％

　　(ロ)　相続税の調査通知後の申告であるとき

$$納付すべき税額×10%\begin{pmatrix}50万円超300万円以下の部分は15\%,\\300万円超の部分は25\%\end{pmatrix}^{※}$$

※　相続人の責めに帰すべき事由がないときは300万円超の部分も15%

ロ　上記②及びイ以外（更正・決定，又はこれらを予知した申告があった場合）

$$納付すべき税額×15\%\begin{pmatrix}50万円超300万円以下の部分は20\%,\\300万円超の部分は30\%^{※1}\end{pmatrix}^{※2}$$

※1　相続人の責めに帰すべき事由がないときは300万円超の部分も20%

※2　期限後申告等があった日前5年以内に相続税につき一定の無申告加算税・重加算税が課されたことがある場合等には，これにより計算した税額の10%を加算した金額となる。

(3) 重加算税

① 概要（通法68①②）

上記(1)③ロ（更正又はこれを予知した修正申告）又は上記(2)③ロ（更正・決定，又はこれらを予知した申告）があった場合に，相続税の申告事実の全部又は一部を隠蔽し，又は仮装し，その隠蔽し，又は仮装したところに基づき法定申告期限までに納税申告書を提出せず，又は納税申告書を提出したときは，無申告加算税や過少申告加算税に代えて，重加算税が課される。

② 重加算税の税額（通法68①④）

イ　過少申告加算税に代えて課される場合

$$納付すべき税額×35\%^{※}$$

ロ　無申告加算税に代えて課される場合

$$納付すべき税額×40\%^{※}$$

※　期限後申告等があった日前5年以内に相続税につき一定の無申告加算税・重加算税が課されたことがある場合等には，これにより計算した税額の10%を加算した金額となる。

14　未分割

1　概要（遺産に対する課税）（相法55）

相続又は包括遺贈により取得した財産の全部又は一部につき，共同相続人又は包括受遺者による分割協議が成立していないときは，その分割されていない財産については，各共同相続人又は包括受遺者が民法の規定による相続分又は包括遺贈の割合に従って財産を取得したものとしてその課税価格を計算し，申告・納税を行う。

2　未分割の場合には適用できない規定（相法19の2②，41②，措法69の4④，69の5③，70の6⑤，70の6の6⑧，70の6の7⑦，70の7の2⑦，70の7の6⑤，70の7の12④，相令18一ロ）

① 配偶者の税額軽減

② 物納

③　小規模宅地等の特例
④　特定計画山林の特例
⑤　農地等の納税猶予
⑥　山林の納税猶予
⑦　特定美術品の納税猶予
⑧　非上場株式等の納税猶予
⑨　医療法人の持分の納税猶予

3　相続税の申告に係る手続等

(1)　分割前

①　申告期限まで（相法19の2③，措法69の4⑦，69の5⑦）

　相続税の申告期限までに分割されていない財産につき，分割後に(イ)配偶者の税額軽減，(ロ)小規模宅地等の特例又は(ハ)特定計画山林の特例の適用を受けたい場合には，相続税の申告書に「申告期限後3年以内の分割見込書」を添付し，法定申告期限までに申告する。

②　申告期限後3年を経過する日の翌日から2か月を経過する日まで（相令4の2②，措令40の2㉓㉕，40の2の2⑧⑩）

　相続税の申告期限から3年を経過する日までに分割できないやむを得ない事情がある財産につき，分割後に上記①(イ)～(ハ)の適用を受けたい場合には，申告期限後3年を経過する日の翌日から2か月を経過する日までに，「遺産が未分割であることについてやむを得ない事由がある旨の承認申請書」を税務署長に提出し承認を受ける。

(2)　分割後　（相法55）

　上記(1)の財産につき分割が成立した場合には，成立日の翌日から4か月以内に修正申告や更正の請求をすることができる。

4　非上場株式が未分割である場合の議決権

①　未分割の株式について権利行使するためには，権利行使者を1人定め，その氏名を株式会社に通知することが必要となる（会法106）。

②　権利行使者は，準共有されている株式の持分の過半数により決定される（例えば，未分割のX社株式600株，相続人が子A・B・Cの場合，準共有の持分3分の1（600株×1/3＝200株）をそれぞれ持つBとCが合意をすれば，600株についての過半数を制し，Aの意向にかかわらずB又はCを600株すべてについての権利行使者と定めることができる（最高裁平成9年1月28日判決）。

15　遺言書の内容と異なる遺産分割　（相法11の2，民法907，986）

①　特定の相続人に遺産を与える旨の遺言書がある場合においても，相続人全員で遺言書の内容と異なった遺産分割をしたときは，受遺者である相続人が遺贈を事実上放棄し，共同相続人間で遺産分割が行われたものとして取り扱われる。

②　各人の相続税の課税価格は，相続人全員で行われた分割協議の内容による。

③　受遺者である相続人から他の相続人に対するみなし贈与は認識されない。

第1部9.4 ➡ p.6

16 登録免許税・不動産取得税

1 登録免許税 （措法72）

所有権の 移転の内容	税率		課税標準
	土地	家屋	
売買	1.5%※1	2.0%※2	固定資産税評価額
贈与	2.0%	2.0%	固定資産税評価額
相続	0.4%	0.4%	固定資産税評価額

※1　令和8年3月31日までの軽減税率（原則税率は2.0%）

※2　個人が，令和9年3月31日までの間に一定の住宅用家屋を取得し，自己の居住の用に供した場合，0.1～0.3%の軽減税率が適用される（措法73～74の2）

2 不動産取得税 （地法73の7，73の15，地法附11の2①，11の5）

所有権の 移転の内容	税率			課税標準
	土地	家屋		
		住宅	住宅以外	
売買	3.0%※1	3.0%※1	4.0%	宅地：固定資産税評価額×$\frac{1}{2}$※2
贈与	3.0%※1	3.0%※1	4.0%	宅地以外：固定資産税評価額
相続	非課税	非課税	非課税	－

※1　令和9年3月31日までの軽減税率（原則税率は4.0%）

※2　令和9年3月31日までの軽減措置（原則は固定資産税評価額）

17 申告内容の開示

1 開示請求 （相法49①，相令27③）

　相続又は遺贈により財産を取得した者は，その被相続人に係る相続税の申告等に必要となるときに限り，他の共同相続人等がその被相続人から受けた次の①又は②の贈与に係る贈与税の課税価格の合計額について，その被相続人に係る相続開始の日の属する年の3月16日以後に，その被相続人の死亡の時における住所地等の所轄税務署長に開示請求をすることができる。

①　相続の開始前3年以内の贈与

②　相続時精算課税の適用を受けた贈与

2 開示 （相法49②）

　上記1の開示請求があった場合には，税務署長は，その請求をした者に対し，請求後2か月以内に開示をしなければならない。

第4部　相続税（計算等）

1　相続税の計算（相法11〜20の2，21の14〜16，33の2，相基通16-1〜16-3，19-11，20の2-4）

一般的な計算は，次の順序で行う。第3部4 → p.23

1　各人の課税価格の計算

相続又は遺贈及び相続時精算課税の適用を受ける贈与によって財産を取得した者ごとに，課税価格を次のように計算する。

相続又は遺贈により取得した財産の価額 ＋ みなし相続・遺贈により取得した財産の価額 － 非課税財産の価額 ＋ 相続時精算課税に係る贈与財産の贈与時の価額 － 債務及び葬式費用の額 ＋ 被相続人からの7年※1以内の暦年贈与分の贈与財産の価額 ＝各人の課税価格（千円未満切捨）

2　相続税の総額の計算

(1)　各人の課税価格の合計（上記1の合計額）＝課税価格の合計額

(2)　(1)の金額 － 基礎控除額（3,000万円＋600万円×法定相続人の数※2）
＝課税遺産総額

(3)　(2)の金額 × 各法定相続人の法定相続分
＝法定相続分に応ずる各法定相続人の取得金額（千円未満切捨）

(4)　(3)の金額 × 税率 ＝算出税額

(5)　(4)の合計額 ＝相続税の総額

3　各人ごとの相続税額の計算

相続税の総額（上記2(5)の金額）× 各人の課税価格（上記1の金額）
÷ 課税価格の合計額（上記2(1)の金額）＝各人の相続税額

4　各人の納付税額の計算

(1)　各人の相続税額（上記3の金額）＋ 相続税額の2割加算 － 暦年課税分の贈与税額控除 － 配偶者の税額軽減 － 未成年者控除 － 障害者控除 － 相次相続控除 － 外国税額控除 ＝各人の控除後の税額（赤字の場合はゼロ）

(2)　(1)の金額 － 相続時精算課税分の贈与税相当額（外国税額控除前の税額）－ 医療法人持分税額控除額 ＝各人の納付税額※3

※1　相続開始前7年以内の贈与財産

令和5年12月31日以前の贈与により取得した財産については3年 → p.52

※2　法定相続人の数

(1)　相続の放棄があった場合（相法15②）

その放棄がなかったものとした場合の相続人の数

(2)　養子がいる場合に法定相続人に含める養子の数（相法15②）

①　被相続人に実子がいる場合…養子のうち1人まで

②　被相続人に実子がいない場合…養子のうち2人まで

(3)　実子として扱われる者（相法15③，相令3の2）

①　特別養子縁組により被相続人の養子となった者

②　被相続人の配偶者の実子で被相続人の養子となった者

③　被相続人と配偶者との婚姻前に特別養子縁組によりその配偶者の養子となった者で，その婚姻後にその被相続人の養子となったもの

④　被相続人の実子，養子又はその直系卑属が相続開始以前に死亡し，又は相続権を失ったため相続人となったその者の直系卑属

(4)　上記(1)～(3)により把握した法定相続人の数が影響する計算項目

①　死亡保険金の非課税限度額（相法12①五イ）

②　死亡退職金の非課税限度額（相法12①六イ）

③　遺産に係る基礎控除額（上記2(2)）（相法15①②）

④　相続税の総額（上記2(3)）（相法16）

※3　各人の納付税額が赤字の場合

還付を受けることができる金額＝ 赤字の金額（マイナスは付けない）

− 相続時精算課税分の贈与税の計算をする際に控除した外国税額

2　課税財産

根拠法	課税財産		非課税財産
民法等 （相法2）	①　土地・借地権 ②　家屋・構築物 ③　事業用財産	④　有価証券・現金・預貯金 ⑤　家庭用財産 ⑥　特許権　等	①　質権 ②　抵当権 ③　地役権　等
相続税法	①　みなし相続・遺贈財産 → p.44 ②　相続開始前7年以内の贈与財産 → p.52 ③　相続時精算課税の適用を受ける贈与財産 　　第6部→ p.85		相続税の非課税財産 → p.48
租税特別措置法	①　被相続人から生前に贈与を受けて，贈与税の納税猶予の特例の適用を受けていた農地 → p.65 や非上場会社の株式等 第8部→ p.149 ②　贈与税の結婚・子育て資金贈与の非課税の適用を受けていた場合において，贈与者が死亡したときの管理残額 第5部12→ p.82　等		

3　みなし相続・遺贈財産

1　死亡保険金等

　次の①の事由が生じた場合には，②の者は，③の財産をその相続又は遺贈に係る被相続人から相続又は遺贈により取得したものとみなされる。

内　　容	①　事　由	②納税義務者	③みなし相続・遺贈財産 次の金額×被相続人が負担した保険料等の額／払済保険料等の全額		
(1)　死亡保険金（下記(4)(5)又は2に該当するものを除く）（相法3①一）	死亡保険金を取得した場合	保険金受取人	受け取った死亡保険金		
(2)　生命保険契約に関する権利（相法3①三）	保険事故が発生していない生命保険契約（掛け捨て型を除く）がある場合	契約者（被相続人が契約者の場合は契約の承継者）	第7部26➡ p.148		
(3)　定期金に関する権利（相法3①四）	定期金給付事由が発生していない定期金給付契約（生命保険契約を除く）がある場合	契約者（被相続人が契約者の場合は契約の承継者）	第7部24.1➡ p.147		
(4)　保証期間付定期金に関する権利（相法3①五）	定期金受取人たる被相続人の死亡により定期金受取人又は一時金受取人となった場合	受取人となった者	第7部24.2➡ p.147		
(5)　契約に基づかない定期金に関する権利（相法3①六）	定期金（これに係る一時金を含む）に関する権利で契約に基づくもの以外のものを取得した場合	取得した者	第7部24.3➡ p.148（被相続人負担分の按分はなし）		

2　退職手当金等 （相法3①二）

　次の①の事由が生じた場合には，②の者は，③の財産をその相続又は遺贈に係る被相続人から相続又は遺贈により取得したものとみなされる。

内　　容	①事由	②納税義務者	③みなし相続・遺贈財産
死亡退職金，功労金その他これらに準ずる給与	被相続人に支給されるべきであった退職手当金等で被相続人の死亡後3年以内に支給が確定したものの支給を受けた場合※	受取人	受け取った退職手当金等（次図参照）

※　被相続人の死亡後3年経過後に支給が確定したものの支給を受けた場合には，取得した相続人の一時所得となる。

◇　被相続人に支給されるべきであった退職手当金等で被相続人の死亡後3年以内に支給が確定したもの（相法3①二）。
◇　名義のいかんにかかわらず実質上被相続人の退職手当金等として支給される金品（相基通3-18）。

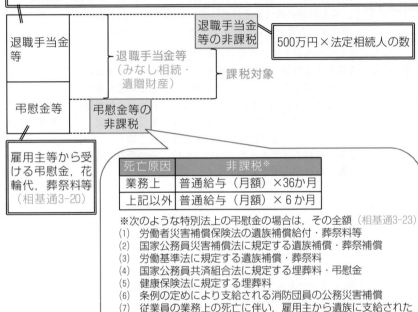

死亡原因	非課税※
業務上	普通給与（月額）×36か月
上記以外	普通給与（月額）×6か月

※次のような特別法上の弔慰金の場合は，その全額（相基通3-23）
(1)　労働者災害補償保険法の遺族補償給付・葬祭料等
(2)　国家公務員災害補償法に規定する遺族補償・葬祭補償
(3)　労働基準法に規定する遺族補償・葬祭料
(4)　国家公務員共済組合法に規定する埋葬料・弔慰金
(5)　健康保険法に規定する埋葬料
(6)　条例の定めにより支給される消防団員の公務災害補償
(7)　従業員の業務上の死亡に伴い，雇用主から遺族に支給された退職手当金等のほかに，就業規則等に基づき支給される災害補償金，遺族見舞金，その他の弔慰金等の遺族給付金で，上記弔慰金等に準ずるもの

3　信託に関する権利 （相法9の2）

次の①の事由が生じた場合には，②の者は，③の財産をその相続又は遺贈に係る被相続人から相続又は遺贈により取得したものとみなされる。

区　分		①　事　由	②納税義務者	③みなし相続・遺贈財産
信託の効力発生時		委託者の死亡に基因して信託の効力が発生した場合において，適正な対価を負担せずに受益者等※1となる者があるとき	受益者等となる者	信託に関する権利※3
信託期間中	受益者の変更時	受益者等の死亡により，適正な対価を負担せずに新たに受益者等が存するに至った場合	受益者等となる者	信託に関する権利※3

①民法　②他申告　③相続手続　④相続計算　⑤贈与税　⑥精算課税　⑦財産評価　⑧事業承継　⑨個人承継

信託期間中	受益割合の変更時	一部の受益者等の死亡により, 適正な対価を負担せずに既に受益者等である者が信託に関する権利について新たに利益を受けることとなる場合	利益を受ける者	新たに受けることとなる利益[※3]
	信託終了時	受益者等の死亡により信託が終了した場合において, 適正な対価を負担せずに残余財産の給付を受けるべき, 又は帰属すべき者となる者があるとき	残余財産の給付を受けるべき, 又は帰属すべき者	残余財産[※4]

※1 受益者としての権利を現に有する者及び特定委託者[※2]をいう。

※2 信託の変更をする権限(軽微な変更をする権限を除く)を現に有し, かつ, 信託財産の給付を受けることとされている者(受益者を除く)をいう。

※3 信託に関する権利又は利益を取得した者は, その信託の信託財産に属する資産及び負債を取得し, 又は承継したものとみなす(集団投資信託, 法人課税信託又は退職年金等信託の信託財産に属する資産及び負債を除く)。

※4 終了直前から受益者等であった者については, その受益者等として有していた信託に関する権利に相当するものを除く。

4 その他

次の①の事由が生じた場合には, ②の者は, ③の財産をその相続又は遺贈に係る被相続人から相続又は遺贈により取得したものとみなされる。

内 容	① 事 由	②納税義務者	③みなし相続・遺贈財産
低額譲受 (相法7)	遺言により, 著しく低い価額の対価で財産の譲渡を受けた場合	譲受人	時価-対価 (譲受人が資力喪失して債務弁済が困難な場合に, 扶養義務者からその弁済に充てるためにされたときは, 弁済困難額まで非課税)
債務免除等 (相法8)	遺言により, 無対価又は著しく低い価額の対価で債務免除, 引受け又は第三者のためにする債務の弁済による利益を受けた場合	利益を受けた者	債務-対価 (債務者が資力喪失して債務弁済が困難な場合に, ①債務の全部又は一部の免除を受けたとき, ②扶養義務者が債務の全部又は一部の引受け又は弁済をしたときは, 弁済困難額まで非課税)
経済的利益[※] (相法9)	上記のほか, 遺言により, 無対価又は著しく低い価額の対価で利益を受けた場合	利益を受けた者	利益の価額-対価 (利益を受ける者が資力喪失して債務弁済が困難な場合に, 扶養義務者からその

			弁済に充てるためにされた ときは，弁済困難額まで非 課税）
特別寄与料 (相法4②，相 基通4-3)	特別寄与料の額が確 定した場合	特別寄与者	特別寄与料の額に相当する 金額−特別寄与者が負担し た葬式費用の額

※　経済的利益は，おおむね利益を受けた者の財産の増加又は債務の減少があった場合等をいい，労務の提供等を受けたような場合は含まない (相基通9-1)。

4　財産の所在 (相法10，相基通10-7)

財産の種類	所在の判定
動産，不動産，不動産の上に存する権利	その所在
船舶，航空機	その登録をした機関の所在
鉱業権，租鉱権，採石権	鉱区又は採石場の所在
漁業権，入漁権	漁場に最も近い沿岸の属する市町村又はこれに相当する行政区画
預金，貯金，積金等	その受入れをした営業所又は事務所の所在
保険金	その保険会社等の本店又は主たる事務所の所在。ただし，日本にこれらがない場合に，日本に営業所や事務所があるときは，その営業所や事務所の所在
退職手当金，功労金その他これらに準ずる給与	その支払者の住所又は本店若しくは主たる事務所の所在。ただし，日本にこれらがない場合に，日本に営業所や事務所があるときは，その営業所や事務所の所在
貸付金債権	その債務者の住所又は本店若しくは主たる事務所の所在
社債，株式，法人に対する出資，一定の有価証券	その発行法人等の本店又は主たる事務所の所在
集団投資信託，法人課税信託に関する権利	これらの引受けをした営業所，事務所その他これらに準ずるものの所在
特許権，実用新案権，意匠権，商標権等で登録されているもの	その登録をした機関の所在
著作権，出版権又は著作隣接権でこれらの権利の目的物が発行されているもの	これを発行する営業所又は事務所の所在

① 民法　② 他申告　③ 相続手続　④ 相続計算　⑤ 贈与税　⑥ 精算課税　⑦ 財産評価　⑧ 事業承継　⑨ 個人承継

低額譲受（上記3・4参照）により，遺贈によって取得したものとみなされる金銭	そのみなされる基因となった財産の種類に応じ，この表に規定する場所
上記の他，営業所又は事業所を有する者の営業上又は事業上の権利	その営業所又は事業所の所在
日本の国債，地方債	日本
外国又は外国の地方公共団体その他これに準ずるものの発行する公債	その外国
上記以外の財産（特別寄与料等）	被相続人の住所の所在

5　相続税の非課税財産（相法12，相令附則4，措法70①〜④）

非課税財産	備　考
墓地，墓石，仏壇，仏具，神具等の日常礼拝をしているもの	骨董的価値がある等投資の対象となるものや，商品として所有しているものは課税対象となる。
宗教，慈善，学術，その他公益目的事業を行う一定の者が相続又は遺贈によって取得した財産で公益目的事業に使われることが確実なもの	財産を取得した者が，その取得日から2年を経過した日において，なおその財産をその公益目的事業の用に供していない場合には，その財産は課税対象となる。
（未施行）公益信託の受託者が遺贈により取得した財産	公益信託に関する法律の施行日から，非課税財産に追加される
地方公共団体の条例によって，精神や身体に障害のある者又はその者を扶養する者が取得する心身障害者共済制度に基づいて支給される給付金を受ける権利	
相続人が相続によって取得したとみなされる生命保険金のうち，次の金額に達するまでの部分 〔非課税限度額〕 　500万円×法定相続人の数※	複数の相続人が死亡保険金を取得した場合には，非課税額を，各相続人が受け取った生命保険金の額がすべての相続人が受け取った生命保険金の額のうちに占める割合により按分する。
相続人が相続又は遺贈によって取得したとみなされる退職手当金等のうち，次の金額に達するまでの部分 〔非課税限度額〕 　500万円×法定相続人の数※	複数の相続人が退職手当金等を取得した場合には，非課税額を，各相続人が受け取った退職手当金等の額がすべての相続人が受け取った退職手当金等の額のうちに占める割合により按分する。
個人で経営している幼稚園の事業に使われていた財産で一定の要件を満たすもの	相続人のいずれかが引き続きその幼稚園を経営する場合に限る。

相続又は遺贈によって取得した財産で，相続税の申告期限までに国又は地方公共団体や公益目的事業を行う特定の法人に寄附したもの	財産を取得した特定の法人が，その取得日から2年を経過した日までにその財産をその公益目的事業の用に供しない場合等には，その財産は課税対象となる。
相続又は遺贈によって取得した金銭で，相続税の申告期限までに特定の公益信託の信託財産とするために支出したもの	金銭を受け入れた特定公益信託が，その受入日から2年を経過した日までに特定公益信託に該当しないこととなった場合には，その金銭は課税対象となる。
（未施行）相続又は遺贈によって取得した財産で，相続税の申告期限までに公益信託の信託財産とするために支出したもの	公益信託に関する法律の施行日から，改正財産を受け入れた公益信託が，その受入日から2年を経過した日までに終了した場合等には，その財産は課税対象となる。
皇位とともに皇嗣が受けた物	－

※　1の※2参照 (☞第4部1 ➡ p.43)

6 葬式費用 (相法13①二，相基通13-1, 13-4, 13-5)

　相続又は遺贈（包括遺贈及び被相続人からの相続人に対する遺贈に限る）により財産を取得した者が無制限納税義務者である場合には，相続税の計算上，被相続人に係る葬式費用のうち，その者の負担に属する部分の金額を控除する（制限納税義務者は葬式費用を控除することができない）。

　また，相続を放棄した者及び相続権を失った者であっても，その者が現実に被相続人の葬式費用を負担した場合には，その負担額は，その者が遺贈で取得した財産の額やその者が受領した死亡保険金の額等から控除することができる。

葬式費用となるもの	葬式費用に含まれないもの
①　葬式・葬送に際し，又はこれらの前に，埋葬，火葬，納骨等に要した費用（仮葬式と本葬式とを行う場合は，その両者の費用） ②　葬式に際し施与した金品で，被相続人の職業，財産等の事情に照らし相当程度と認められるものに要した費用 ③　上記のほか，葬式の前後に生じた出費で通常葬式に伴うものと認められるもの ④　死体の捜索又は死体・遺骨の運搬に要した費用	①　香典返戻費用※ ②　墓碑及び墓地の買入費並びに墓地の借入料 ③　初七日等の法会に要する費用 ④　医学上又は裁判上の特別の処置に要した費用

※　個人から受ける香典や花輪代等の金品のうち一定のものの贈与税は非課税 (☞第5部7 ⑨ ➡ p.78)。また，香典等で，その金額がその受贈者の社会的地位，贈与者との関係等に照らし社会通念上相当と認められるものの所得税は非課税 (所基通9-23)。

①民法　②他申告　③相続手続　④相続計算　⑤贈与税　⑥精算課税　⑦財産評価　⑧事業承継　⑨個人承継

7　債務控除

1　概要　（相法13，14①，相基通13-1，13-3）

相続又は遺贈（包括遺贈及び被相続人からの相続人に対する遺贈に限る）により財産を取得した者は，相続税の計算上，その者の納税義務の区分に応じ，被相続人に係る確実と認められる一定の債務のうち，その者の負担に属する部分の金額[※]を控除する（下記2参照）。

なお，相続を放棄した者及び相続権を失った者については，その者が遺贈で財産を取得したとしても，債務控除の適用はない（上記6の葬式費用の実費負担額を除く）。

※　実際に負担する金額が確定していないときは，民法による相続分又は包括遺贈の割合に応じて負担する金額

2　債務控除の範囲　（相法13）

区　分	債務控除の範囲
無制限納税義務者	被相続人の債務で相続開始の際現に存するもの（公租公課を含む。葬式費用については，上記6参照）
制限納税義務者	①　相続又は遺贈により取得した財産に係る公租公課 ②　相続又は遺贈により取得した財産を目的とする質権又は抵当権等で担保される債務 ③　相続又は遺贈により取得した財産の取得，維持又は管理のために生じた債務 ④　相続又は遺贈により取得した財産に関する贈与の義務 ⑤　被相続人が死亡の際，国内に営業所又は事業所を有していた場合には，その営業所又は事業所に係る営業上又は事業上の債務

3　債務の例示　（相法13，14①，相令3，相基通13-2，13-6，13-7，14-3）

区　分		控除できる債務	控除できない債務
未払金		被相続人に係る債務（入院費用，銀行借入金等）	相続財産に関する費用（遺言執行費用，相続税申告報酬等）
		課税財産の取得，維持又は管理に係る債務（不動産購入の未払金等）	非課税財産の取得，維持又は管理に係る債務（墓地・仏具の購入費用等）
公租公課	所得税	準確定申告に係る所得税	－
	固定資産税	相続開始年分以前の未払固定資産税[※]	－
	延滞税・利子税等	被相続人の責めによるもの	納税義務者の責めによるもの

保証債務		債務者が弁済不能の状態にあるため，保証債務者がその債務を履行しなければならない場合で，かつ，主たる債務者に求償して返還を受ける見込みがない場合の，主たる債務者が弁済不能の部分の金額	左記以外（原則は，控除不可）
連帯債務	被相続人の負担部分	負担すべき金額が明らかな場合の負担金額	負担すべき金額が明らかでない場合
	他の債務者の負担部分	連帯債務者のうちに弁済不能者があり，かつ，求償して弁済を受ける見込みがなく，その弁済不能者の負担部分をも負担しなければならないと認められる場合の，その認められる部分の金額	左記以外（原則は，控除不可）
特別寄与料		特別寄与料の額が特別寄与者に係る相続税の課税価格に算入される場合に，その特別寄与料を支払う相続人が負担する特別寄与料の額	－

※ （参考）被相続人の所得税の準確定申告，及び相続人の相続後の所得税の確定申告における各種所得の金額の計算上，必要経費に算入する固定資産税は次のとおり。

納税通知書の到着時期	被 相 続 人	相 続 人
相続開始前	次のいずれかを選択	被相続人の選択に応じ，次の金額
	(1) 全額	0
	(2) 納期到来分	左記の残額
	(3) 納付済分	左記の残額
相続開始後	0（相続開始時に納付すべきことが具体的に確定していないため）	次のいずれかを選択 (1) 全額 (2) 納期到来分 (3) 納付済分

8　相続税額の加算（2割加算）

1　概要（相法18）

　相続又は遺贈によって財産を取得した者が，次に掲げる者以外である場合には，その者の相続税額にその相続税額の2割相当額が加算される。第4部1.4 ➡ p.42

① 被相続人の1親等の血族（代襲相続人となった，被相続人の直系卑属を含む）
② 被相続人の配偶者

2 養子の取扱い （相法18②）

養子のもとの身分	原　則	例　外
直系卑属	加算対象	代襲相続人である場合は加算対象外
直系卑属以外	加算対象外	－

9 相続開始前7年以内の贈与・贈与税額控除

1 概要 （相法19①，相基通19-1，令和5年改正法附則19）

　相続又は遺贈により財産を取得した者が，その相続開始前7年（令和5年12月31日以前の贈与により取得した財産については3年。以下9において同じ）以内に，被相続人から贈与を受けた財産がある場合には，その者の相続税の課税価格にその贈与を受けた財産の贈与の時の価額（加算対象となる財産のうち，相続開始前3年以内に取得した財産以外の財産については，その財産の価額の合計額から100万円を控除した残額）を加算する※。

　また，その加算された贈与財産につき課された贈与税（延滞税・加算税・利子税を除く）の額は，その加算された者の相続税の計算上控除される（贈与税額控除）。

※　相続時精算課税の特定贈与者が死亡した場合は，7年以内かどうかを問わない。

　　第6部2.2(1)➡ p.86

2 相続税の課税価格に加算される贈与財産の範囲 （相法19，21の2④，措法70の2，70の2の2，70の2の3，相基通11の2-5，19-1）

加算される贈与財産	加算されない贈与財産※2
① 被相続人からの相続開始前7年以内の贈与（贈与税の課税の有無は関係なし） ② 被相続人からの相続開始年分の贈与※1	① 贈与税の配偶者控除の特例を受けている又は受けようとする財産のうち，その配偶者控除額に相当する金額 ② 直系尊属から贈与を受けた住宅取得等資金のうち，非課税の適用を受けた金額 ③ 直系尊属から一括贈与を受けた教育資金のうち，非課税の適用を受けた金額 ④ 直系尊属から一括贈与を受けた結婚・子育て資金のうち，非課税の適用を受けた金額

※1　暦年課税の贈与については贈与税の課税価格に算入しないが，相続時精算課税の贈与については贈与税の課税価格に算入する。

※2　令和6年1月1日以後に贈与により取得する加算対象となる財産のうち，「相続開始前3年以内に取得した財産以外の財産」については，その財産の価額の合計額のうち100万円までは加算されない。

3 贈与税額控除額 （相法19①，相令4①）

　加算する年分ごとに，次の算式により計算した金額の合計額。

$$\text{上記2の加算をする年分の贈与税額} \times \frac{\text{分母のうち，相続税の課税価格に加算された額}^{※}}{\text{その年分の贈与税の課税価格に算入された財産の合計額}}$$

※　「相続開始前3年以内に取得した財産以外の財産」については，100万円を控除する前の金額

(参考) 具体的な加算期間等(相基通19-2)

相続又は遺贈により財産を取得した日	加算対象となる贈与財産に係る期間	「相続開始前3年以内に取得した財産以外の財産」に係る期間※
令和6年1月1日～令和8年12月31日	相続開始日から遡って3年目の応当日～当該相続の開始の日	－
令和9年1月1日～令和12年12月31日	令和6年1月1日～相続開始日	令和6年1月1日～相続開始日から遡って3年目の応当日の前日
令和13年1月1日～	相続開始日から遡って7年目の応当日～当該相続開始日	相続開始日から遡って7年目の応当日～当該相続開始日から遡って3年目の応当日の前日

※　この期間に贈与を受けた財産については，合計額から100万円を控除した残額が相続又は遺贈により財産を取得した者の相続税の課税価格に加算される。

10　配偶者の税額軽減

1　概要 (相法19の2①⑤⑥)

被相続人の配偶者は，実際に取得した正味の遺産額が，「課税価格の合計額×配偶者の法定相続分」又は「1億6千万円」のうち多い金額までは，相続税がかからない。

ただし，相続又は遺贈により財産を取得した者が，隠蔽仮装行為に基づき相続税を申告し，又は更正若しくは決定を予知して期限後申告又は修正申告をするときは，その隠蔽仮装行為による部分については，この規定は適用されない。

2　控除額 (相法19の2①)

$$\text{相続税の総額} \times \frac{\text{対象額}^{※}}{\text{課税価格の合計額}}$$

※　次のうちいずれか少ない金額
① 「課税価格の合計額×配偶者の法定相続分」か「1億6千万円」のうち，多い金額
② 配偶者の課税価格

3　手続 (相法19の2③，相規1の6③，16③)

相続税の申告又は更正の請求の際，配偶者の税額軽減の適用を受ける旨を記載し，

次の書類を添付する必要がある。

① 配偶者の税額軽減の明細書

② 次のいずれかの書類

  (a) 被相続人のすべての相続人を明らかにする戸籍の謄本（相続開始の日から10日を経過した日以後に作成されたもの）又はそのコピー

  (b) 一定の形式要件を満たす「法定相続情報一覧図の写し」又はそのコピー

③ 遺言書の写し，遺産分割協議書の写しその他の財産の取得の状況を証する書類

④ 遺産分割協議書又はそのコピーを添付する場合には印鑑証明書の原本

⑤ 申告期限内に分割ができない場合には，「申告期限後 3 年以内の分割見込書」

4 未分割の場合 （相法19の 2 ②，相令 4 の 2 ）

相続税の申告期限までに分割されていない財産は税額軽減の対象にならない。

ただし，次のいずれかに該当する場合には，分割が成立した日の翌日から 4 か月以内に更正の請求をし，税額軽減の対象とすることができる。

① 相続税の申告書に「申告期限後 3 年以内の分割見込書」を添付した上で申告期限から 3 年以内に分割したとき

② 相続税の申告期限から 3 年を経過する日までに分割できないやむを得ない事情があり税務署長の承認を受けた場合で，その事情がなくなった日の翌日から 4 か月以内に分割されたとき

11 未成年者控除

1 概要 （相法19の 3 ①）

相続人が18歳未満である場合には，その者の相続税額から一定額を控除することができる。

2 適用対象者

相続又は遺贈により財産を取得した時において，次の要件をすべて満たす者は，未成年者控除の適用を受けることができる（相法19の 3 ①）。

① 相続税の無制限納税義務者※であること

② 18歳未満であること

③ 被相続人の法定相続人（相続の放棄があった場合には，その放棄がなかったものとした場合における相続人）であること

※ 日米相続税条約により，被相続人が米国籍若しくは米国に在住していた場合，又は相続人が日本に在住していた場合には，制限納税義務者であったとしても，一定の届出を要件として，一定の算式による控除の適用を受けることができる（日米相続税条約 4 ，日米相続税条約の実施に伴う相続税法の特例令 2 ）。

3 控除額 （相法19の 3 ①②）

(1) 適用対象者又はその扶養義務者が初めてこの規定の適用を受ける場合

扶養義務者 第 5 部 7 ② ➡ p.77

10万円×（18歳－相続開始時の年齢）（ 1 年未満切上）

(2) **適用対象者又はその扶養義務者が既にこの規定の適用を受けたことがある場合**

① 上記(1)により計算した金額
② 最初に相続又は遺贈により財産を取得した際に計算した控除額−既控除額
③ ①か②のうち，いずれか少ない金額

4 控除不足額がある場合 (相法19の3②)

適用対象者の相続税額から上記**3**により計算した金額を控除しきれない（控除不足額がある）場合には，その控除不足額は，その適用対象者の扶養義務者の相続税額から控除することができる。

12 障害者控除

1 概要

障害者である相続人が85歳未満である場合には，その者の相続税額から一定額を控除することができる。

2 適用対象者

相続又は遺贈により財産を取得した時において，次の要件をすべて満たす者は，障害者控除の適用を受けることができる（相法19の4①）。

① 障害者（下記**3**参照）であること
② 国内に住所があること
③ 相続税の無制限納税義務者※であること
④ 85歳未満であること
⑤ 被相続人の法定相続人（相続の放棄があった場合には，その放棄がなかったものとした場合における相続人）であること

※ 日米相続税条約により，被相続人が米国籍又は米国に在住していた場合には，制限納税義務者であったとしても，一定の届出を要件として，一定の算式による控除の適用を受けることができる（日米相続税条約4，日米相続税条約の実施に伴う相続税法の特例令2）。

3 障害者の範囲

障害者とは，精神又は身体に障害がある一定の者をいい，特別障害者とは障害者のうち精神又は身体に重度の障害がある一定の者をいう（相法19の4②，相令4の4①②，所令10①②）。

障害者	特別障害者
① 精神上の障害により事理を弁識する能力を欠く常況にある者※	ⓐ 同左
② 児童相談所又は精神保健指定医等の判定により知的障害者と判定された者	ⓑ 左記のうち，重度の知的障害者と判定された者
③ 精神障害者保健福祉手帳の交付を受けている者	ⓒ 左記のうち，障害等級が1級の者

① 民法
② 他申告
③ 相続手続
④ 相続計算
⑤ 贈与税
⑥ 精算課税
⑦ 財産評価
⑧ 事業承継
⑨ 個人承継

④　身体障害者手帳に身体上の障害があると記載されている者	ⓓ　左記のうち，障害の程度が1級又は2級の者
⑤　戦傷病者手帳の交付を受けている者	ⓔ　左記のうち，障害の程度が特別項症から第三項症までの者
⑥　原子爆弾被爆者で厚生労働大臣の認定を受けている者	ⓕ　同左
⑦　常に就床を要し，複雑な介護を要する者のうち，障害の程度が上記①②④の者に準ずるものとして市区町村長等から認定を受けている者	ⓖ　左記のうち，障害の程度が上記ⓐⓑⓓの者に準ずるものとして，市区町村長等から認定を受けている者
⑧　精神又は身体に障害のある65歳以上の者で，その障害の程度が上記①②④の者に準ずるものとして市区町村長等から認定を受けている者	ⓗ　左記のうち，障害の程度が上記ⓐⓑⓓの者に準ずるものとして市区町村長等から認定を受けている者

※　成年被後見人はこれに該当します。

4　控除額　(相法19の4①③)

(1)　適用対象者又はその扶養義務者が初めてこの規定の適用を受ける場合

扶養義務者 第5部7② ➡ p.77

① 一般障害者（特別障害者以外の障害者）の場合

> 10万円×（85歳−相続開始時の年齢）（1年未満切上）

② 特別障害者の場合

> 20万円×（85歳−相続開始時の年齢）（1年未満切上）

(2)　適用対象者又はその扶養義務者が既にこの規定の適用を受けたことがある場合

> ①　上記(1)により計算した金額
> ②　最初に相続又は遺贈により財産を取得した際に計算した控除額−既控除額
> ③　①か②のうち，いずれか少ない金額

5　控除不足額がある場合　(相法19の4③)

　適用対象者の相続税額から上記4により計算した金額を控除しきれない（控除不足額がある）場合には，その控除不足額は，その適用対象者の扶養義務者の相続税額から控除することができる。

13　相次相続控除

1　概要　(相法20)

　二次相続開始前10年以内に，二次相続に係る被相続人が一次相続に係る相続，遺贈又は相続時精算課税贈与により財産を取得し相続税が課されていた場合には，その二

次相続に係る被相続人から相続，遺贈又は相続時精算課税贈与により財産を取得した相続人の相続税額から，一定額を控除する。

2 適用要件 （相法20，相基通20-1）

適用要件	備考
相続人であること	相続人ではない受遺者，相続の放棄をした者，相続権を失った者は適用外となる。
今回の相続（二次相続）開始前10年以内に開始した相続（一次相続）により，二次相続に係る被相続人が財産を取得し相続税が課されたこと	例えば，一次相続の被相続人が父，二次相続の被相続人が母である場合において，一次相続の相続税の計算上，母が配偶者控除の適用を受け，母には相続税が課されなかったときは，二次相続において相次相続控除の適用はない。

3 控除額 （相法20，相基通20-2，20-3）

$$A \times \frac{C}{B-A}^{※1} \times \frac{D}{C} \times \frac{10-E}{10}$$

A：二次相続の被相続人が一次相続の際に課された相続税額
B：二次相続の被相続人が一次相続により取得した純資産価額[※2]
C：二次相続により財産を取得したすべての者の純資産価額[※2]の合計額
D：上記 **2** の適用要件を満たす相続人の純資産価額[※2]
E：一次相続から二次相続までの期間（1年未満切捨）

※1 100/100を超えるときは，100/100
※2 取得財産の価額＋相続時精算課税適用財産の価額－債務及び葬式費用の金額

14 外国税額控除

1 概要 （相法20の2）

相続又は遺贈により国外財産を取得した場合において，その国外財産について現地法令により相続税に相当する税が課せられたときは，その財産を取得した者の相続税額から，その課せられた税額に相当する金額を控除する。
※ 制限納税義務者は，国外財産について日本の相続税がかからず二重課税とならないため適用はない。

2 控除額 （相法20の2，相基通20の2-1，20の2-2，20の2-4）

① 国外財産につき現地で課された日本の相続税に相当する税の金額[※1]	
② 日本の相続税額[※2] $\times \dfrac{\text{分母のうち国外財産の価額}^{※3}}{\text{相続税の課税価格の計算の基礎に算入された金額}^{※4}}$	
③ 控除額　①か②のうち，いずれか少ない金額	

① 民法
② 他申告
③ 相続手続
④ 相続計算
⑤ 贈与税
⑥ 精算課税
⑦ 財産評価
⑧ 事業承継
⑨ 個人承継

※1 　現地の納期限における対顧客直物電信売相場（TTS）で邦貨換算した金額。ただし，その税金を日本から送金する場合には，その送金が納期限よりも著しく遅延して行われる場合を除き，送金日のTTSによることもできる

※2 　相続税額の計算のうち相次相続控除までの諸控除を控除した後の相続税額

※3 　適用対象者が相続又は遺贈により取得した国外財産の価額の合計額から，その国外財産に係る債務の金額を控除した金額

※4 　適用対象者が相続又は遺贈により取得した国内財産及び国外財産の価額の合計額から，債務の金額を控除した金額

15　同族会社等の行為又は計算の否認等（相法64）

① 　同族会社等の行為又は計算で，これを容認した場合にはその株主若しくは社員又はその親族その他これらの者と特別の関係がある者の相続税又は贈与税の負担を不当に減少させる結果となると認められるものがあるときは，税務署長は，相続税又は贈与税についての更正又は決定に際し，その認めるところにより，課税価格を計算することができる。

② 　上記の規定は，同族会社等の行為又は計算につき，法人税法，所得税法又は地価税法における「同族会社等の行為又は計算の否認等」の規定の適用があった場合におけるその同族会社等の株主若しくは社員又はその親族その他これらの者と特別の関係がある者の相続税又は贈与税に係る更正又は決定について準用される。

③ 　合併等をした法人又は合併等により資産及び負債の移転を受けた法人の行為又は計算で，これを容認した場合にはその合併等をした法人若しくはその合併等により資産及び負債の移転を受けた法人の株主若しくは社員又はこれらの者と特別の関係がある者の相続税又は贈与税の負担を不当に減少させる結果となると認められるものがあるときは，税務署長は，相続税又は贈与税についての更正又は決定に際し，その認めるところにより，課税価格を計算することができる。

16　特別の法人から受ける利益に対する課税

1　財産の贈与又は遺贈があった場合（相法65①）

受贈者・受遺者	取　扱　い
持分の定めのない法人で，その施設の利用，余裕金の運用，解散した場合における財産の帰属等について設立者，社員，理事，監事若しくは評議員，その法人に対し贈与若しくは遺贈をした者又はこれらの者の親族その他これらの者と特別の関係がある者に対し特別の利益を与えるもの	左記法人に対して財産の贈与又は遺贈があった場合には，下記17 1 (2)の規定の適用がある場合を除くほか，その財産の贈与又は遺贈があった時において，その法人から特別の利益を受ける者が，その財産（公益事業を行う一定の者が取得する財産を除く）の贈与又は遺贈により受ける利益の価額に相当する金額をその財産の贈与又は遺贈をした者から贈与又は遺贈により取得したものとみなされる。

2 設立があった場合 （相法65③）

上記1の規定は，上記1の左欄に規定する持分の定めのない法人の設立があった場合において，その法人から特別の利益を受ける者がその法人の設立により受ける利益について準用される。

17 人格のない社団又は財団等に対する課税

1 財産の贈与又は遺贈があった場合 （相法66①④）

受贈者・受遺者	取 扱 い
(1) 代表者又は管理者の定めのある人格のない社団又は財団	左記の社団又は財団に対し財産の贈与又は遺贈があった場合には，その社団又は財団を個人とみなして，これに贈与税又は相続税が課される。
(2) 持分の定めのない法人	左記の法人に対し財産の贈与又は遺贈があった場合において，その贈与又は遺贈によりその贈与又は遺贈をした者の親族その他これらの者と特別の関係がある者の相続税又は贈与税の負担が不当に減少する結果となると認められるときも，その持分の定めのない法人を個人とみなして，これに贈与税又は相続税が課される。

2 設立があった場合 （相法66②）

上記1の規定は，上記1の左欄に規定する社団若しくは財団又は持分の定めのない法人を設立するために財産の提供があった場合について準用される。

3 贈与税の計算方法 （相法66①）

上記1により納付すべき贈与税額は，贈与財産について，贈与者の異なるごとに，その贈与者の各1人のみから取得したものとみなして計算する。

18 特定の一般社団法人等に対する課税

1 概要

特定一般社団法人等の理事である者（理事でなくなった日から5年を経過していない者を含む）が死亡した場合には，特定一般社団法人等につき，次の(1)(2)のとおりとみなして，その特定一般社団法人等に相続税が課税される（相法66の2①，相令34①）。

(1) 次の金額をその死亡した者（以下「被相続人」）から遺贈により取得したものとみなす

$$\frac{相続開始時におけるその特定一般社団法人等の純資産額}{相続開始時におけるその特定一般社団法人等の同族理事の数＋1}$$

（その有する財産の価額－債務の価額）

(2) 個人とみなす

2 特定一般社団法人等の判定 (相法66の2②一・三，相令34④)

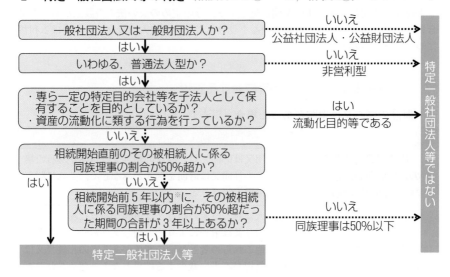

3 同族理事

　同族理事とは，一般社団法人等の理事（理事でなくなった日から5年を経過していない者を含む）のうち，次の者をいう (相法66の2①②二，相令34③)。

① 被相続人
② 被相続人の配偶者
③ 被相続人の3親等内の親族
④ 被相続人と婚姻の届出をしていないが事実上婚姻関係と同様の事情にある者
⑤ 被相続人の使用人及び使用人以外の者でその被相続人から受ける金銭その他の財産によって生計を維持しているもの
⑥ 上記④⑤の者と生計を一にしているこれらの者の配偶者又は3親等内の親族
⑦ 上記のほか，次に掲げる法人の会社役員又は使用人である者
　イ　被相続人が会社役員となっている他の法人
　ロ　被相続人及び上記の者並びにこれらの者と特殊関係のある法人を判定の基礎にした場合に法人税法で規定する同族会社に該当する他の法人

19　小規模宅地等についての相続税の課税価格の計算の特例

1　概要 (措法69の4①)

　被相続人の親族が相続又は遺贈により取得した財産のうちに，その相続開始直前において，その被相続人又はその被相続人と生計を一にしていた被相続人の親族の事業の用又は居住の用に供されていた宅地等で建物又は構築物の敷地の用に供されていたものがある場合において，一定要件を満たすときは，一定の限度面積までは一定の減額割合を乗じて計算した金額をその宅地等の本来の評価額から減額することができる。

2 適用要件等 （措法69の4①②③，措令40の2，措規23の2）

次の表中の留意点（※印）については，下記 **3** 参照。

区分	適用要件※1				限度面積※4・5	減額割合
	相続開始時の用途等	保有継続要件※2	事業・居住継続要件※3	その他		
①特定事業用宅地等※6	被相続人の事業用	○	○	申告期限までに事業を承継していること	400㎡	80%
	生計一親族の事業用	○	○	－		
②特定同族会社事業用宅地等	一定の同族会社※7の事業用※8として被相続人が貸付	○	○	取得した親族が申告期限においてその同族会社の役員であること	400㎡	80%
③特定居住用宅地等※9	被相続人の居住用　配偶者が取得	－	－	－	330㎡	80%
	被相続人の居住用　同居親族※10が取得	○	○	－		
	被相続人の居住用　配偶者・同居親族がいない場合で，別居親族※11が取得	○	－	イ　3年以内に日本国内にある自己・自己の配偶者・自己の3親等内の親族又は自己と特別の関係がある一定の法人※12が所有する家屋に居住したことがないこと　ロ　相続開始時に，自己が居住している家屋を相続開始前のいずれの時においても所有していたことがないこと		
	生計一親族の居住用　配偶者が取得	－	－	－		
	生計一親族の居住用　生計一親族が取得	○	○	－		

①民法
②他申告
③相続手続
④相続計算
⑤贈与税
⑥精算課税
⑦財産評価
⑧事業承継
⑨個人承継

| ④
貸付事業
用宅地等
※13 | 被相続人の
貸付事業 | ○ | ○ | 申告期限までに事業を承継し
ていること | 200
㎡ | 50% |
| | 生計一親族
の貸付事業 | ○ | ○ | － | | |

3　留意点等 （措法69の4，措令40の2，措規23の2，措通69の4-1）

区　分	留　意　点　等
共通	※1　上記2の表中，○印は要件があることを意味する。また，適用があるのは，いずれも相続又は遺贈により取得した持分の割合に対応する部分に限り，相続開始前3年以内に贈与により取得した宅地等や相続時精算課税に係る贈与により取得した宅地等について適用はない。 ※2　その宅地等を相続税の申告期限まで有していることが要件となる。 ※3　事業用（上記2①②④）の場合は，宅地等の上で営まれていた事業を申告期限まで営んでいること，居住用（上記2③）の場合は，相続開始直前から相続税の申告期限まで引き続きその建物に居住していることが要件となる。 ※4　特例の適用を選択する宅地等に応じ，限度面積は次のとおりとなる。 特例の適用を選択する宅地等 / 限 度 面 積 貸付事業用宅地等がない場合（上記2④を選択しない場合）: イ　上記2①②合計で400㎡まで／ロ　上記2③は330㎡まで／→　イロ合わせて合計730㎡まで 貸付事業用宅地等がある場合（上記2①②③のほか，④を選択する場合）: すべてを200㎡換算で，200㎡まで／算式：（上記2①＋上記2②）×200/400＋上記2③×200/330＋上記2④≤200㎡ ※5　居住建物につき配偶者居住権が設定されている場合には，その敷地である宅地等の面積について次の按分計算をし，限度面積要件を判定する（措令40の2⑥，措通69の4-1の2）。 ①　配偶者居住権に基づく敷地の利用権 $$宅地等の面積 \times \frac{配偶者居住権に基づく敷地の利用権の価額 \cdots(A)}{(A)+(B)}$$ （☞第7部10.2(1)➡ p.118） ②　配偶者居住権付建物の敷地の所有権 $$宅地等の面積 \times \frac{配偶者居住権付建物の敷地の所有権の価額 \cdots(B)}{(A)+(B)}$$ （☞第7部10.2(2)➡ p.119）

特定事業 用宅地等	※6　次のものを除く。 ①　貸付事業（不動産貸付業，駐車場業，自転車駐車場業及び準事業（事業と称するに至らない不動産の貸付けその他これに類する行為で相当の対価を得て継続的に行うもの）） ②　相続開始前3年以内に新たに事業の用に供された宅地等（ただし，その宅地等の上で事業の用に供されている減価償却資産の価額が，その宅地等の相続時の価額の15%以上である場合を除く） ③　個人の事業用資産についての相続税又は贈与税の納税猶予及び免除の適用を受ける又は受けた宅地等　第9部4 ➡ p.161
特定同族 会社事業 用宅地等	※7　相続開始直前において被相続人及び被相続人の親族等が発行済株式の総数又は出資の総額の50%超を有している法人をいう。 ※8　貸付事業（上記※6①参照）を除く。
特定居住 用宅地等	※9　被相続人が養護老人ホームへ入所している場合等は次のとおり。 　被相続人の居住の用に供されていた宅地等が，相続開始直前には，被相続人が居住の用に供することができない次の①又は②の事由により，被相続人の居住の用に供されていなかった場合における宅地等を含む。 ①　要介護認定又は要支援認定を受けていた被相続人が次に掲げる住居又は施設に入居又は入所をしていたこと 　イ　認知症対応型老人共同生活援助事業が行われる住居，養護老人ホーム，特別養護老人ホーム，軽費老人ホーム，又は有料老人ホーム 　ロ　介護老人保健施設又は介護医療院 　ハ　サービス付き高齢者向け住宅（上記イの有料老人ホームを除く） ②　障害支援区分の認定を受けていた被相続人が一定の障害者支援施設又は共同生活援助を行う住居に入所又は入居をしていたこと ※10　同居の判定は，建物につき，区分所有建物である旨の登記がされているか否かに応じ，次のとおり行う。 ①　区分所有建物である旨の登記がされている場合 　取得した親族が，被相続人の居住の用に供されていた部分に居住していたこと ②　①以外の場合 　取得者した親族が，被相続人又はその者の居住の用に供されていた部分に居住していたこと ※11　別居親族は，日本国籍者又は相続税の無制限納税義務者のみが対象。 ※12　次の①から④に掲げる法人をいう。 ①　取得者等が法人の発行済株式等（自己株式等を除く）の総数等（以下「発行済株式総数等」）の50%超を有する場合におけるその法人 ②　取得者等及び上記①の法人が他の法人の発行済株式総数等の50%超を有する場合における当該他の法人

①民法　②他申告　③相続手続　④相続計算　⑤贈与税　⑥精算課税　⑦財産評価　⑧事業承継　⑨個人承継

特定居住 用宅地等	③　取得者等並びに上記①及び②の法人が他の法人の発行済株式総数等の50%超を有する場合における当該他の法人 ④　取得者等が理事，監事，評議員その他これらの者に準ずるものとなっている持分の定めのない法人
貸付事業 用宅地等	※13　貸付事業とは，不動産貸付業，駐車場業，自転車駐車場業及び準事業（上記※6①参照）をいう。また，相続開始前3年以内に新たに貸付事業の用に供された宅地等（以下「3年以内貸付宅地等」）は本特例の対象とはならない。 　　ただし，3年以内貸付宅地等であっても，相続開始の日まで3年を超えて引き続き特定貸付事業（貸付事業のうち準事業以外のもの）を行っていた被相続人等のその特定貸付事業の用に供された宅地等については本特例の対象となる。

4　手続　（措法69の4⑦，措規23の2⑧）

　相続税の申告の際，この特例の適用を受けようとする旨を記載した相続税の申告書に，次の書類を添付する必要がある。

①　小規模宅地等に係る計算の明細書
②　その他一定の書類　☞第3部2.1・2➡p.19～21

20　国等に対して相続財産を贈与した場合等の相続税等の非課税等

1　概要　（措法70①③）

　相続又は遺贈により財産を取得した者が，その取得した財産を国等に贈与（寄附）した場合，又はその取得した金銭を特定公益信託の信託財産とするために支出した場合には，その贈与又は支出をした財産については，相続税が非課税となる。

2　適用要件　（措令70①③，措法40の3，40の4）

国等への贈与（寄附）	特定公益信託への支出
(1)　贈与先が，次のいずれかであること 　①　国，地方公共団体 　②　公益社団法人，公益財団法人 　③　独立行政法人，一定の地方独立行政法人 　④　国立大学法人，公立大学法人，学校や専修学校の設置を主たる目的とする学校法人等 　⑤　自動車安全運転センター，日本司法支援センター，日本私立学校振興・共済事業団，日本赤十字社 　⑥　社会福祉法人，更生保護法人	(1)　受託者が信託会社である一定の特定公益信託の信託財産とするために支出したものであること
(2)　贈与した財産又は支出した金銭は，相続又は遺贈により取得したものであること	

(3)	相続税の申告書の提出期限までに贈与又は支出すること
(4)	贈与又は支出によりその贈与者若しくは支出者又はその親族その他これらの者と特別の関係がある者の相続税又は贈与税の負担が不当に減少する結果となると認められる場合でないこと
(5)	相続税の確定申告書に，本規定の適用を受けようとする旨を記載し，かつ，贈与財産又は支出財産の明細書その他一定の書類を添付すること

21　農地等の納税猶予

1　概要 (措法70の6①，70の6の2①)

　農業を営んでいた被相続人又は特定貸付け※を行っていた被相続人からの相続又は遺贈により，一定の相続人（以下「農業相続人」）が，一定の農地及び採草放牧地並びに準農地（以下「農地等」）を取得し，農業を営む場合又は特定貸付けを行う場合には，一定の要件の下にその取得した農地等（以下「特例農地等」）の価額のうち農業投資価格による価額を超える部分に対応する相続税額は，その相続税の申告書の提出期限までにその納税猶予分の相続税額に相当する担保を提供した場合に限り，その取得した農地等について相続人が農業の継続又は特定貸付けを行っている間は，その納税が猶予される。

　※　農地中間管理事業のために行われる使用貸借による権利又は賃借権の設定による貸付けをいう。

2　適用要件 (措法70の6①④㉘，70の6の2①，70の6の3，70の4⑥㉒，措令40の7①②④，措通70の6-5，70の6-7の2)

区　分	要　　　件
被相続人	次のいずれかに該当する者であること ①　死亡の日まで農業を営んでいた者 ②　農地等の生前一括贈与をした者 ③　死亡の日まで相続税の納税猶予の適用を受けていた農業相続人又は農地等の生前一括贈与の適用を受けていた受贈者で，障害，疾病等の事由により自己の農業の用に供することが困難な状態であるため賃借権等の設定による貸付けをし，税務署長に届出をした者 ④　死亡の日まで特定貸付けを行っていた者
農業相続人	被相続人の相続人で，次のいずれかに該当する者であること（次の①及び②については，農業委員会の証明が必要） ①　相続税の申告期限までに農業経営を開始し，その後も引き続き農業経営を行うと認められる者 ②　農地等の生前一括贈与の特例の適用を受けた受贈者で，特例付加年金等の支給を受けるためその推定相続人の1人に対し農地等について使用貸借による権利を設定して，農業経営を移譲し，税務署長に届出

農業相続人	をした者（贈与者の死亡後も引き続き農業経営を行うものに限る） ③　農地等の生前一括贈与の特例の適用を受けた受贈者で，障害，疾病等の事由により自己の農業の用に供することが困難な状態であるため賃借権等の設定による貸付けをし，税務署長に届出をした者（贈与者の死亡後も引き続き賃借権等の設定による貸付けを行うものに限る） ④　相続税の申告期限までに特定貸付けを行った者（農地等の生前一括贈与の特例の適用を受けた受贈者である場合には，相続税の申告期限において特定貸付けを行っている者）
特例農地等	次のいずれかに該当するものであり，相続税の期限内申告書にこの特例の適用を受ける旨が記載されたものであること ①　被相続人が農業の用に供していた農地等で相続税の申告期限までに遺産分割されたもの ②　被相続人が特定貸付けを行っていた農地又は採草放牧地で相続税の申告期限までに遺産分割されたもの ③　被相続人が営農困難時貸付けを行っていた農地等で相続税の申告期限までに遺産分割されたもの ④　被相続人から生前一括贈与により取得した農地等で被相続人の死亡時まで贈与税の納税猶予又は納期限の延長の適用を受けていたもの ⑤　相続や遺贈によって財産を取得した人が相続開始の年に被相続人から生前一括贈与を受けていたもの

3　免除（措法70の6㊴）

納税猶予税額は，次のいずれかに該当することとなった場合には免除される。
①　特例の適用を受けた農業相続人が死亡した場合
②　特例の適用を受けた農業相続人（特定貸付けを行っていない者に限る）が，特例農地等の全部を「農地等を贈与した場合の贈与税の納税猶予及び免除」の規定に基づき農業の後継者に生前一括贈与した場合
③　特例農地等のうちに平成3年1月1日において三大都市圏の特定市以外の区域内に所在する市街化区域内農地等（生産緑地地区に所在するものを除く）について特例の適用を受けた場合において，その適用を受けた農業相続人（特例農地等のうちに都市営農農地等を有しない者に限る）が相続税の申告書の提出期限の翌日から農業を20年間継続したとき（その農地等に対応する納税猶予税額の部分に限る）

4　期限の確定（措法70の6㊵）

次のいずれかに該当することとなった場合には，納税猶予税額の全部又は一部と，相続税の申告期限の翌日から納税猶予期限までの利子税を納付しなければならない。
①　特例農地等について，譲渡等があった場合。ただし，相続税の納税猶予の適用を受けている者が，納税猶予の適用を受けている生産緑地地区内の農地の全部又は一部について，認定都市農地貸付け又は農園用地貸付けを行ったときは，一定の要件の下，引き続き納税猶予が継続される
②　特例農地等に係る農業経営を廃止した場合

③ 継続届出書の提出がなかった場合
④ 担保価値が減少したこと等により，増担保又は担保の変更を求められた場合で，その求めに応じなかったとき
⑤ 都市営農農地等（一定の生産緑地地区内にある農地等を除く）について都市計画の変更等により特定市街化区域農地等に該当することとなった場合等
⑥ 特例の適用を受けている準農地について，申告期限後10年を経過する日までに農業の用に供していない場合

5 手続 （措法70の6 ①㉛㉜）

(1) 申告手続

相続税の申告の際，この特例の適用を受けようとする旨を記載した相続税の申告書に，特例農地等の明細書，納税猶予税額の計算明細書，その他一定の書類を添付しなければならない。

(2) 納税猶予期間中の継続届出

納税猶予の適用を受けている者は，納税猶予期間中は相続税の申告期限から3年目ごとに，継続届出書を提出しなければならない。

22 山林の納税猶予 （措法70の6の4 ①②）

特定森林経営計画が定められている区域内に存する山林を有していた一定の被相続人から相続又は遺贈により特例施業対象山林の取得をした林業経営相続人が，自ら山林の経営を行う場合には，その林業経営相続人が納付すべき相続税のうち，特例山林に係る課税価格の80％に対応するその相続税の申告書の提出期限までにその納税猶予分の相続税額に相当する担保を提供した場合に限り，その林業経営相続人の死亡の日まで，その納税が猶予される。

23 特定の美術品の納税猶予 （措法70の6の7 ①②）

一定の博物館等の設置者と特定美術品の寄託契約を締結し，一定の計画に基づきその特定美術品をその博物館等の設置者に寄託していた被相続人から相続又は遺贈によりその特定美術品を取得した相続人（以下「寄託相続人」）が，その特定美術品のその博物館等の設置者への寄託を継続する場合には，その寄託相続人が納付すべき相続税のうち，特定美術品に係る課税価格の80％に対応する相続税については，その相続税の申告書の提出期限までにその納税猶予分の相続税額に相当する担保を提供した場合に限り，その寄託相続人の死亡の日まで，その納税が猶予される。

第5部　贈与税

1　納税義務者と課税財産の範囲

下表中の青字は，相続税法の条文番号を示している。

■…無制限納税義務者（国内財産・国外財産ともに課税）
□…制限納税義務者（国内財産のみに課税）

贈与者 ＼ 受贈者	国内に住所あり		国内に住所なし		
	右記以外の者	一時居住者 ※1	日本国籍あり／10年以内に住所あり	日本国籍あり／10年以内に住所なし	日本国籍なし
国内に住所あり	1の4①一イ	1の4①一ロ（注）	1の4①二イ（注）	1の4①二イ（1）	1の4①二ロ（注）
外国人贈与者 ※2		1の4①三			1の4①四
国内に住所なし　10年以内に住所あり		1の4①一ロ（注）	1の4①二イ（2）		1の4①二ロ（注）
短期滞在外国人／長期滞在外国人（非居住贈与者① ※3①）		1の4①三		1の4①四	
10年以内に住所なし（非居住贈与者② ※3②）					

（注）　贈与者が「国外転出時課税の納税猶予の特例」の適用を受けていた場合は，その贈与者が贈与前10年を超えて国内に住所を有したことがなかったとしても，これに含まれる場合がある（相法1の4②）。

（出所：国税庁HPをもとに作成）

※1　一時居住者
　　贈与時に国内に住所があり在留資格を有する外国人（日本国籍を有しない人をいう。以下同じ）である受贈者で，贈与前15年以内に国内に住所を有していた期間の合計が10年以下であるもの（相法1の4③一）。

※2　外国人贈与者
　　贈与時に在留資格を有し，かつ，国内に住所を有していた外国人である贈与者（相法1の4③二）。

※3　非居住贈与者
　　贈与時に国内に住所がなかった贈与者で，次の①又は②に掲げるものをいう（相法1の4③三）。
　①　贈与前10年以内のいずれかの時点で国内に住所を有していた外国人で，そのいずれの時においても日本国籍を有していなかったもの
　②　贈与前10年以内のいずれの時も国内に住所を有しなかったもの（日本人であるか外国人であるかを問わない）

2 贈与税の課税財産（本来の贈与財産・みなし贈与財産）

1 贈与税の課税財産

| 贈与税の課税財産 | = | 本来の贈与財産（相法2の2） | + | みなし贈与財産（相法5〜9の5） |

2 本来の贈与財産

(1) 財産の名義変更があった場合

① 原則（相基通9-9）

次の場合は，原則として贈与として取り扱われる。

イ 不動産等の名義の変更があった場合において対価の授受が行われていないとき

ロ 他の者の名義で新たに不動産，株式等を取得した場合

② 例外（贈与がなかったものとして取り扱う場合）（昭39.5.23直資68）

区　分	要　件
財産の名義変更 ＋ 対価の授受なし 又は 他者名義で財産取得	イ 名義人（未成年者の場合には法定代理人を含む）がその事実を知らない。 ロ 名義人が財産を使用収益（有価証券の場合には管理運用・収益享受）していない。 ハ 贈与税の確定申告又は決定等の日前に本来の所有者名義に変更している（同日前に滅失又は処分した場合には，その保険金や譲渡代金等を本来の所有者名義としている）。 ニ 贈与税のほ脱を図ろうとしていると認められる場合や，過去にこの適用を受けている場合には適用はない。
過誤又は軽率であった場合	イ 過誤に基づき，又は軽率にされたものである。 ロ それが取得者等の年齢その他により確認できる。 ハ 贈与税の確定申告又は決定等の日前に本来の所有者名義に変更している（同日前に滅失又は処分した場合には，その保険金や譲渡代金等を本来の所有者名義としている）。
法令の所有制限等のやむを得ない理由がある	イ 真にやむを得ない理由に基づくものである。 （例：法令の所有制限） ロ 名義人との合意により名義を借用したものである。 ハ その事実が確認できる。
法定取消権又は法定解除権に基づく贈与契約の取消・解除※	イ 法定取消権・法定解除権に基づく贈与契約の取消・解除の申出があった。 ロ 贈与者名義に変更したこと等により確認できる。

※ 合意に基づく贈与契約の取消・解除の場合には，贈与税が課税される。

(2) 婚姻の取消し又は離婚による財産の取得（相基通9-8）

① 原則

贈与により取得した財産とはならない。

② 例外

事　　　　　由	贈与により取得したとされる財産額
分与財産額が婚姻中の夫婦の協力によって得た財産額その他一切の事情を考慮してもなお過当であると認められる場合	その過当である部分の財産額
離婚を手段として贈与税のほ脱を図ると認められる場合	その離婚により取得した財産額

(3) 住宅借入金の借入者と返済者が異なる場合 （昭34.6.16直資58）

区　分	取　扱　い
原則	借入者以外の者が返済した部分は，返済者から借入者に対する贈与となる。この場合，贈与を受けたものとして取り扱う金額は，歴年ごとにその返済があった部分の金額を基として計算する。
例外（共稼ぎ夫婦）	借入者及び返済者が共稼ぎの夫婦であり，かつ，借入金の返済が事実上その夫婦の収入によって共同でされていると認められるものについては，その所得按分で負担したものとして取り扱われる。

(4) 青色事業専従者の給与 （昭40直審（資）4）

　青色事業専従者の給与が，その者の職務の内容に照らし相当と認められる金額を超える場合には，その超える金額相当額は贈与により取得したものとされる。

3　みなし贈与財産
(1) 保険金等

　次の②と③の者が異なる場合には，①の時に，③の者は，④の財産を②の者から贈与により取得したものとみなされる。

内　容	①贈与時期	②贈与者（被相続人を除く）	③受贈者	④みなし贈与財産 次の金額×$\dfrac{贈与者が負担した保険料等の額}{払済保険料等の全額}$
死亡保険金（相法5①）	保険事故発生時	保険料負担者	保険金受取人	受け取った死亡保険金
満期保険金（相法5②）	満期到来時	保険料負担者	保険金受取人	受け取った満期保険金
解約返戻金（相法5②）	解約時	保険料負担者	返戻金受取人	受け取った解約返戻金
定期金（相法6①）	定期金給付事由発生時	掛金等負担者	定期金受取人	定期金給付契約に関する権利

定期金の解約返還金 （相法6②）	返還金給付事由発生時	掛金等負担者	返還金受取人	定期金給付契約に関する権利
保証期間付定期金に関する権利 （相法6③）	定期金受取人たる被相続人の死亡	掛金等負担者	次の定期金受取人又は一時金受取人	定期金給付契約に関する権利

(2) 信託に関する権利 （相法9の2）

次の②の事由が生じた場合（その事由が③の者の死亡に基因するものである場合については ☞第4部3.3➡ p.45 ）において，次の③と④の者が異なる場合には，①の時に，④の者は，⑤の財産を③の者から贈与により取得したものとみなされる。

		① 贈与時期	② 事　　由	③ 贈与者	④ 受贈者	⑤ みなし贈与財産
		信託の効力発生時	信託の効力が発生した場合において，適正な対価を負担せずに受益者等※1となる者があるとき	委託者	受益者等となる者	信託に関する権利※3
信託期間中	受益者の変更時		適正な対価を負担せずに新たに受益者等が存するに至った場合	直前の受益者等	受益者等となる者	信託に関する権利※3
信託期間中	受益割合の変更時		一部の受益者等が存しなくなった場合に，適正な対価を負担せずに既に受益者等である者が信託に関する権利につき新たに利益を受けるとき	受益者等でなくなる者	利益を受ける者	新たに受けることとなった利益※3
		信託終了時	受益者等の存する信託が終了した場合において，適正な対価を負担せずに残余財産の給付を受けるべき，又は帰属すべき者となる者があるとき	終了前の受益者等	残余財産の給付を受けるべき，又は帰属すべき者	残余財産

※1　受益者としての権利を現に有する者及び特定委託者※2をいう。

※2　信託の変更をする権限（軽微な変更をする権限を除く）を現に有し，かつ，信託財産の給付を受けることとされている者（受益者を除く）をいう。

※3　信託に関する権利又は利益を取得した者は，その信託の信託財産に属する資産及び負債を取得し，又は承継したものとみなす（集団投資信託，法人課税信託又は退職年金等信託の信託財産に属する資産及び負債を除く）。

(3) その他

次の①の事由が生じた場合において，次の③と④の者が異なる場合には，②の時に，④の者は，⑤の財産を③の者から贈与により取得したものとみなされる。

①民法　②他申告　③相続手続　④相続計算　⑤贈与税　⑥精算課税　⑦財産評価　⑧事業承継　⑨個人承継

内容	① 事　由	② 贈与時期	③ 贈与者	④ 受贈者	⑤ みなし贈与財産
低額譲受（相法7）	著しく低い価額の対価で財産の譲渡を受けた場合	譲渡時	譲渡人	譲受人	時価－対価 （譲受人が資力喪失して債務弁済が困難な場合に，扶養義務者からその弁済に充てるためにされたときは，弁済困難額まで非課税）
債務免除等（相法8）	無対価又は著しく低い価額の対価で債務免除，引受け又は第三者のためにする債務の弁済による利益を受けた場合	債務免除等の時	債務免除等をした者	債務免除等を受けた者	債務－対価 （債務者が資力喪失して債務弁済が困難な場合に，①債務の全部又は一部の免除を受けたとき，②扶養義務者が債務の全部又は一部の引き受け又は弁済をしたときは，弁済困難額まで非課税）
経済的利益※（相法9）	前述のほか，無対価又は著しく低い価額の対価で利益を受けた場合	利益を受けた時	利益を受けさせた者	利益を受けた者	利益の価額－対価 （利益を受ける者が資力喪失して債務弁済が困難な場合に，扶養からその弁済に充てるためにされたときは，弁済困難額まで非課税）
	同族会社の株式等の価額が，無償の財産提供等で増加した場合（相基通9-2, 9-3）	財産提供時等	財産提供者等	株主又は社員	株式又は出資の価額のうち増加部分相当額 （同族会社の取締役がその会社が資力喪失した場合に無償の財産提供等をしたときは，その会社が受けた利益相当額のうち債務超過額に相当する額については，非課税）
	特殊関係者間の無償又は無利子の土地，金銭等の貸与（相基通9-10）	利益を受けた時	利益を受けさせた者	利益を受けた者	利益の価額 （利益を受ける金額が少額である場合，又は課税上弊害がないと認められる場合は非課税）
	負担付贈与（相基通9-11）	負担付贈与があった場合	負担付贈与をした者	第三者	第三者の利益に帰す負担額
	共有持分の放棄（相基通9-12）	放棄の時	放棄した共有者	他の共有者	放棄した者に係る持分

※　経済的利益は，おおむね利益を受けた者の財産の増加又は債務の減少があった場合等をいい，労務の提供等を受けたような場合はこれに含まない（相基通9-1）。

（参考）生命保険金等の課税関係

保険契約等関係者			契約上の保険金等受取人の課税関係		
保険料 負担者	被保険者	保険金等 受取人	傷　　　害	死　　　亡	満　　　期
A	A	A	非課税	－	一時所得
A	A	B	非課税※ 一時所得	相続税	贈与税
A	B	A	同上	一時所得	一時所得
A	B	B	非課税	－	贈与税
A	B	C	非課税※ 一時所得	贈与税	贈与税
A　1/2 C　1/2	A	B	同上	相続税 贈与税	贈与税

※　保険金等受取人が，被保険者の配偶者，直系血族又は生計を一にするその他の親族である場合に限る。

（出所：東京国税局「所得税・消費税　誤りやすい事例集（平成30年12月）」29頁）

①民法

②他申告

③相続手続

④相続計算

⑤贈与税

⑥精算課税

⑦財産評価

⑧事業承継

⑨個人承継

3 贈与税の計算（暦年課税）

1 概要

① 贈与（暦年課税）は，暦年（1月1日から12月31日までの1年間）ごとに，その年中に贈与された財産の価額の合計額から基礎控除額を控除した残額に対して課税される。

② 基礎控除額は，110万円である（相法21の5，措法70の2の4）。

③ 税率は，直系尊属（祖父母や父母等）からその年の1月1日において18歳以上の者（子・孫等）への贈与（特例贈与財産）に適用される特例税率と，それ以外の贈与（一般贈与財産）に適用される一般税率とがある。

2 速算表（相法21の7，措法70の2の5）

(1) 一般贈与財産用（一般税率）

基礎控除後の課税価格	税率	控除額
200万円以下	10%	-
300万円以下	15%	10万円
400万円以下	20%	25万円
600万円以下	30%	65万円
1,000万円以下	40%	125万円
1,500万円以下	45%	175万円
3,000万円以下	50%	250万円
3,000万円超	55%	400万円

(2) 特例贈与財産用（特例税率）

基礎控除後の課税価格	税率	控除額
200万円以下	10%	-
400万円以下	15%	10万円
600万円以下	20%	30万円
1,000万円以下	30%	90万円
1,500万円以下	40%	190万円
3,000万円以下	45%	265万円
4,500万円以下	50%	415万円
4,500万円超	55%	640万円

3 「一般贈与財産用」と「特例贈与財産用」の両方の計算が必要な場合

納付すべき贈与税額は，次の①と②の合計額（措法70の2の5③）

① すべての財産を「一般税率」で計算した場合の贈与税額	×	一般贈与財産の額 / （一般贈与財産の額＋特例贈与財産の額）
② すべての財産を「特例税率」で計算した場合の贈与税額	×	特例贈与財産の額 / （一般贈与財産の額＋特例贈与財産の額）

4 申告（期限内・期限後・修正申告・更正の請求）・納付

1 税額の確定又は修正の当事者・手続

☞第3部8.1 ➡ p.25

2 申告書の提出義務者，申告期限・納期限

提出義務者	要　件	申告期限・納期限
(1) 個人 （相法28①）	① 暦年課税の適用を受ける財産を贈与により取得した場合において，納付すべき贈与税額がある。 ② 相続時精算課税の適用を受ける財産を贈与により取得した。	〔原則〕 その年の翌年2月1日から3月15日まで 〔例外（その年の翌年1月1日から3月15日までに納税管理人の届出をせずに出国する場合）〕 その出国する日まで
(2) 年の中途において死亡した者の相続人（包括受遺者を含む） （相法28②）	① 死亡の年の1月1日から死亡の日までに，被相続人が暦年課税の適用を受ける財産を贈与により取得した場合において，納付すべき贈与税額がある。 ② 被相続人が相続時精算課税適用者で，死亡の年の1月1日から死亡の日までに，相続時精算課税の適用を受ける財産を贈与により取得した。 ③ 上記(1)の提出義務者が，贈与税の申告書の提出期限前に申告書を提出せずに死亡した。	相続の開始があったことを知った日の翌日から10か月以内
(3) 人格のない社団又は財団 （相法66①）	1月1日から12月31日までの間に，贈与により財産を取得した場合において，納付すべき贈与税額がある（贈与者ごとに計算）。	その年の翌年2月1日から3月15日まで
(4) 持分の定めのない法人 （相法66④）	1月1日から12月31日までの間に，贈与により財産を取得して納付すべき贈与税額がある場合において，その贈与によりその贈与者の親族その他これらの者と特別の関係がある者の相続税又は贈与税の負担が不当に減少する結果となると認められる（贈与者ごとに計算）。	その年の翌年2月1日から3月15日まで

① 民法　② 他申告　③ 相続手続　④ 相続計算　⑤ 贈与税　⑥ 精算課税　⑦ 財産評価　⑧ 事業承継　⑨ 個人承継

3 期限後申告 （通法18，70，相法30②，36）

区分	要　件	申告期限	納期限
原則	贈与税の期限内申告書を提出すべき者が期限内申告書を提出しなかった。	決定があるまで（確定申告期限から6年を経過する日が限度）	期限後申告書の提出日まで
特則	贈与税の申告期限後に未分割遺産が分割されたこと等により，相続又は遺贈による財産の取得をしないこととなったため，新たに贈与税の申告書を提出すべき要件に該当した。		

4 修正申告 （通法19，70，相法31④，36）

区分	要　件	申告期限	納期限
原則	贈与税の期限内申告書若しくは期限後申告書を提出した場合，又は更正若しくは決定を受けた場合において，申告不足税額がある。	更正があるまで（確定申告期限から6年を経過する日が限度）	修正申告書の提出日まで
特則	贈与税の期限内申告書若しくは期限後申告書を提出し，又は決定を受けた場合において，未分割遺産が分割されたこと等により，相続又は遺贈による財産の取得をしないこととなったため既に確定した贈与税額に不足が生じた。		

5 更正の請求 （通法23①，70，相法32，36）

区分	要　件	請求期限
原則	贈与税の申告書を提出し又は決定を受けた場合において，その申告書に記載した課税標準等の計算に誤りがあったこと等により，納付すべき税額が過大であったとき等	確定申告期限から6年を経過する日まで
特則	贈与税の申告書を提出し又は決定を受けた場合において，未分割遺産が分割されたこと等により，その申告又は決定に係る課税価格及び贈与税額が過大となったとき	事由が生じたことを知った日の翌日から4か月以内

5 更正決定

期限：確定申告期限から6年を経過する日まで

6 連帯納付義務 (相法34②③④，相令11)

連帯納付義務者	贈与税の連帯納付義務の内容
同一の被相続人から相続又は遺贈により財産を取得したすべての者	被相続人に係る贈与税につき，その相続又は遺贈により受けた利益の価額に相当する金額を限度として，互いに連帯納付義務がある。
贈与税の課税価格の計算の基礎となった財産につき，贈与若しくは遺贈により財産を取得した者又は寄附行為により設立された法人	次の(1)又は(2)のうち小さい額につき，連帯納付義務がある。 (1) 対応する贈与税額又は相続税額 ① 贈与により財産の取得等をした場合 $$贈与税額 \times \frac{その財産の価額}{その贈与税の課税価格に算入された財産の価額}$$ ② 遺贈により財産の取得等をした場合 $$相続税額 \times \frac{その財産の価額}{その相続税の課税価格に算入された財産の価額}$$ (2) その受けた利益の価額に相当する金額
財産を贈与した者	次の(1)又は(2)のうち小さい額につき，連帯納付義務がある。 (1) 対応する贈与税額 ① 暦年課税を適用した贈与の場合 $$贈与年分の贈与税額 \times \frac{贈与者が贈与した財産の価額}{贈与税の課税価格に算入された財産の価額}$$ ② 相続時精算課税を適用した贈与の場合 相続時精算課税により計算した贈与税額 (2) その財産の価額に相当する金額

7 贈与税の非課税財産

次の財産には贈与税が課税されない。

① 法人からの贈与により取得した財産 (相法21の3①一)

　◇ 所得税が課税されるため (一時所得課税)。

② 扶養義務者相互間において生活費又は教育費に充てるためにした贈与により取得した財産のうち通常必要と認められるもの (相法21の3①二)

　◇ 「扶養義務者」とは，①配偶者，②直系血族及び兄弟姉妹，③家庭裁判所の審判を受けて扶養義務者となった3親等内の親族，④3親等内の親族で生計を

① 民法　② 他申告　③ 相続手続　④ 相続計算　⑤ 贈与税　⑥ 精算課税　⑦ 財産評価　⑧ 事業承継　⑨ 個人承継

一にするものをいう（民法877）。

◇　「生活費」とは，その者の通常の日常生活を営むのに必要な費用をいい，治療費，養育費その他これらに準ずるものを含む（相基通21の3-3）。

◇　「教育費」とは，被扶養者の教育上通常必要と認められる学資，教材費，文具費等をいい，義務教育費に限らない（相基通21の3-4）。

◇　非課税となる生活費又は教育費は，必要な都度直接これらの用に充てるために贈与された財産をいう（相基通21の3-5）。

◇　「通常必要と認められるもの」は，被扶養者の需要と扶養者の資力その他一切の事情を勘案して社会通念上適当と認められる範囲の財産をいう（相基通21の3-6）。

◇　婚姻に当たり，親から婚姻後の生活を営むために，家具，寝具，家電製品等の通常の日常生活を営むのに必要な家具什器等の贈与を受けた場合等には，贈与税の課税対象とならない。

◇　結婚式・披露宴の費用は，その内容，招待客との関係・人数や地域の慣習等の事情に応じ，本来費用を負担すべき者それぞれが，その費用を分担している場合には，そもそも贈与に当たらない。

◇　出産に当たって親から検査・検診，分娩・入院に要する費用について贈与を受けた場合，贈与税の課税対象とはならない。

（国税庁「扶養義務者から「生活費」又は「教育費」の贈与を受けた場合の贈与税に関するQ&A」Q2-1, 2-2, 3-1）

③　宗教，慈善，学術その他公益目的事業を行う一定の者が贈与により取得した財産でその公益目的事業の用に供することが確実なもの（相法21の3①三）

④　学術に関する顕著な貢献や，顕著な価値がある学術に関する研究に対して特定公益信託から交付される金品で財務大臣の指定するもの，又は学資の支給を行うことを目的とする特定公益信託から交付される金品（相法21の3①五）

⑤　地方公共団体が精神障害者又は身体障害者に関して実施する一定の共済制度に基づき支給される給付金を受ける権利（相法21の3①六）

⑥　公職選挙における公職の候補者が選挙運動に関し贈与により取得した金銭，物品その他の財産上の利益で収支報告がなされたもの（相法21の3①七）

⑦　相続又は遺贈により財産を取得した者が相続開始年に被相続人から受けた贈与により取得した財産で相続税の課税価格に加算されるもの（相法21の2④）

⑧　特定障害者に対する一定の贈与税（下記**8**参照）

⑨　個人から受ける香典，花輪代，年末年始の贈答，祝物又は見舞い等のための金品のうち，社交上の必要によるもので贈与者と受贈者との関係等に照らして社会通念上相当と認められるもの（相基通21の3-9）

（参考）
公益信託に関する法律の施行日から，以下の非課税財産が追加される。

◇　公益信託から給付を受けた財産（相法21の3①一）

◇　公益信託の受託者が贈与により取得した財産（相法21の3①四）

8 特定障害者に対する贈与税の非課税 （特定贈与信託）

1 概要

　特定障害者の生活費等に充てるために，一定の信託契約に基づいて特定障害者を受益者とする財産の信託があった場合には，その信託受益権の価額のうち，一定額までは贈与税が非課税となる（相法21の 4 ）。

2 特定障害者の範囲及び非課税限度額　特別障害者☞第 4 部12. 3 ➡ p.55

特定障害者の範囲	非課税限度額
特別障害者（第 4 部12 3 の表の右欄参照）	6,000万円
特別障害者以外の障害者のうち，精神に障害がある次の者 ・第 4 部12 3 ①②③の者 ・第 4 部12 3 ⑧の者のうち障害の程度が同①②の者に準ずるものとして市区町村長等から認定を受けている者	3,000万円

9 贈与税の配偶者控除

1 概要

① 　婚姻期間が20年以上の夫婦間で，居住用不動産又は居住用不動産を取得するための金銭の贈与があった場合には，贈与税の計算上，基礎控除110万円のほか，配偶者控除として，最高2,000万円までを控除することができる。
② 　同じ配偶者からの贈与には，一生に一度しか適用を受けることができない。
③ 　「居住用不動産」とは，専ら居住の用に供する土地若しくは土地の上に存する権利（以下「土地等」）又は家屋で国内にあるものをいう。

2 適用要件 （相法21の 6 ，相基通21の6-1）

① 　婚姻期間20年経過後に配偶者から行われた贈与であること
② 　贈与財産が居住用不動産又は居住用不動産を取得するための金銭であること
③ 　贈与年の翌年 3 月15日までに，その居住用不動産に受贈者が居住し，かつ，その後も引き続き居住する見込みであること
④ 　居住用家屋の敷地のみの贈与を受けた場合には，次のいずれかに当てはまること
　　イ　夫又は妻が居住用家屋を所有していること
　　ロ　贈与を受けた配偶者と同居する親族が居住用家屋を所有していること
⑤ 　店舗兼住宅については，専ら居住の用に供している部分についてのみ適用があること（居住の用に供している部分の面積が，その土地等又は家屋の面積のそれぞれのおおむね10分の 9 以上であるときは，その土地等又は家屋の全部を居住用不動産として取り扱うことができる）

3 手続

　贈与税の申告の際，次の書類を添付する必要がある。
① 　贈与日から10日を経過した日以後に作成された戸籍謄本又は抄本

② 贈与日から10日を経過した日以後に作成された戸籍の附票の写し

③ 受贈者がその居住用不動産を取得したことを証する書類（登記事項証明書等）

④ 居住用不動産を評価するための書類（金銭の贈与を受けた場合を除く）

10 外国税額控除

1 概要・適用要件 （相法21の8）

次の場合には，贈与税の計算上，外国の贈与税相当額を控除することができる。

① 贈与により国外財産を取得していること

② その国外財産につき，現地法令により贈与税に相当する税が課されたこと

2 控除額 （相法21の8）

① 外国で課された贈与税に相当する税額[※1]

② 外国税額控除適用前の贈与税額[※2] × $\dfrac{その国外財産の価額[※3]}{その年分の贈与税の課税価格に算入された財産の価額[※2・3]}$

③ ①か②のうち，いずれか少ない金額

※1　納付すべき日のTTSにより邦貨換算した金額（相基通21の8-1，20の2-1）をいう。

※2　暦年課税又は相続時精算課税の別にそれぞれ適用する（相基通21の8-2）。

※3　暦年課税においては贈与税の配偶者控除及び贈与税の基礎控除前の財産の価額，相続時精算課税においては特別控除額（2,500万円）の控除前の財産の価額をいう（相基通21の8-3）。

11 住宅取得等資金の贈与を受けた場合の贈与税の非課税

1 概要 （措法70の2）

令和8年12月31日までに，直系尊属から自己の居住の用に供する住宅用家屋の新築，取得又は増改築等（以下「新築等」）の対価に充てるための金銭（以下「住宅取得等資金」）の贈与を受けた場合において，一定の要件（下記 3 参照）を満たすときは，一定額（下記 2 参照）まで贈与税が非課税となる。

なお，この贈与税の非課税の規定は，暦年課税の基礎控除（110万円）や相続時精算課税の特別控除（2,500万円）と併用して適用することができる。

2 非課税限度額 （措法70の2②六・七）

区　　　　　分	非課税限度額
省エネ等住宅[※]	1,000万円
上記以外の住宅用家屋	500万円

※　「省エネ等住宅」とは，次のいずれかの要件を満たす住宅用家屋であることにつき，一定の書類により証明されたものをいう。

（1）断熱等性能等級4若しくは一次エネルギー消費量等級4以上（住宅用家屋の新

築又は建築後使用されたことのない住宅用家屋の取得の場合において，その住宅用家屋が，令和6年1月1日以後に建築確認を受けたもの，かつ，令和6年7月1日以後に建築されたものであるときは，「断熱等性能等級5以上かつ一次エネルギー消費量等級6以上」）であること

(2) 耐震等級2以上若しくは免震建築物であること
(3) 高齢者等配慮対策等級（専用部分）3以上であること

3 適用要件 (措法70の2②，措令40の4の2，措規23の5の2，平成27年改正法附則97②，令和3年改正法附則75①)

区 分	適 用 要 件
受贈者	(1) 贈与時に贈与者の直系卑属であること (2) 贈与年の1月1日において，18歳以上であること (3) 贈与年分の合計所得金額が2,000万円以下※であること (4) 平成21年分から令和5年分まで（旧制度）の贈与税の申告で「住宅取得等資金の非課税」の適用を受けたことがないこと（一定の場合を除く） (5) 自己の配偶者，親族等の特別関係者から取得したり，これらの者との請負契約等により新築若しくは増改築等をしたりしたものでないこと (6) 贈与の翌年3月15日までにその全額を充て新築等をすること (7) 贈与時において，受贈者が上記1の表における無制限納税義務者であること (8) 贈与の翌年3月15日までにその家屋に居住すること又は同日後遅滞なくその家屋に居住することが確実であると見込まれること（贈与の翌年12月31日までに居住していない場合は，適用なし）
家屋	〔新築又は取得の場合〕 (1) 家屋の登記簿上の床面積（区分所有建物の場合は専有部分）が40㎡以上240㎡以下，かつ，その2分の1以上が居住の用に供されること (2) 取得した住宅が次のいずれかに該当すること 　① 建築後使用されたことのない住宅用家屋 　② 建築後使用されたことのある住宅用家屋で，次のいずれかに該当するもの 　　(a) 登記簿上の建築日付が昭和57年1月1日以降のもの 　　(b) 地震に対する安全性に係る基準に適合するものであることにつき証明されたもの 　　(c) 取得日までに，同日以後，耐震改修を行うことにつき，一定の申請書等に基づき都道府県知事等に申請をし，かつ，贈与の翌年3月15日までにその耐震改修により耐震基準に適合することとなったことにつき一定の証明書等で証明がされたもの 〔増改築等の場合〕 (1) 家屋の登記簿上の床面積（区分所有建物の場合はその専有部分）が40㎡以上240㎡以下，かつ，その2分の1以上が居住の用に供されること

家屋	(2) 一定の増改築工事に該当することにつき，「確認済証の写し」「検査済証の写し」「増改築等工事証明書」等により証明されたものであること (3) 工事に要した費用の額が100万円以上であり，その費用の額の2分の1以上が，自己の居住の用に供される部分の工事に要したものであること
土地	**〔家屋を新築する場合〕** 上記適用要件を満たす家屋の新築とともにするその敷地の用に供される土地等又はその新築に先行してするその敷地の用に供されることとなる土地等の取得であること **〔家屋を取得又は増改築等する場合〕** 上記適用要件を満たす住宅の取得又は増改築等とともにするその敷地の用に供される土地等の取得であること

※ 家屋の床面積が40㎡以上50㎡未満である場合は1,000万円以下

4 手続 (措法70の2⑭，措規23の5の2⑨)

　贈与税の申告の際，非課税の適用を受ける旨を記載した贈与税の申告書に，一定の書類を添付する必要がある。

<u>12 教育資金の一括贈与を受けた場合の贈与税の非課税，結婚・子育て資金の一括贈与を受けた場合の贈与税の非課税</u>

1 概要 (措法70の2の2，70の2の3，措令40の4の3⑲，40の4の4㉒，令和3年改正法附則75③⑤)

項目	教育資金贈与の非課税	結婚・子育て資金贈与の非課税
概要	教育資金に充てるため金融機関等との一定の契約に基づき，直系尊属から①信託受益権を付与された場合，②書面による贈与により取得した金銭を銀行等に預入した場合，③書面による贈与により取得した金銭等で証券会社等で有価証券を購入した場合に，一定額まで贈与税が非課税となる。	結婚・子育て資金に充てるため，金融機関等との一定の契約に基づき，直系尊属から①信託受益権を付与された場合，②書面による贈与により取得した金銭を銀行等に預入した場合，③書面による贈与により取得した金銭等で証券会社等で有価証券を購入した場合に，一定額まで贈与税が非課税となる。
期間	令和8年3月31日までの間の贈与	令和7年3月31日までの間の贈与
受贈者	(1) 0歳以上30歳未満 (2) 前年における合計所得金額が1,000万円以下	(1) 18歳以上50歳未満 (2) 前年における合計所得金額が1,000万円以下
贈与者	直系尊属	直系尊属
使途	教育資金（下記2参照）	結婚・子育て資金（下記3参照）

非課税限度額	1,500万円（うち，学校等以外に対して支払うものは500万円が限度）	1,000万円（うち，結婚に関して支払うものは300万円が限度）
手続	金融機関等の営業所等経由で非課税申告書を税務署長に提出	金融機関等の営業所等経由で非課税申告書を税務署長に提出
払出し	口座開設時に選択した払出方法に応じ，領収書等を金融機関等に提出	口座開設時に選択した払出方法に応じ，領収書等を金融機関等に提出
贈与者死亡時	贈与者の相続税の課税価格の合計額（教育資金の管理残額[※1]を除く）が5億円以下[※2]，かつ，受贈者が次のいずれかに該当する場合を除き，管理残額は，相続又は遺贈により取得したものとみなされる（相続税の課税対象）。[※3] (1) 23歳未満である (2) 学校等に在学している (3) 教育訓練を受講している	管理残額は，相続又は遺贈により取得したものとみなされる（相続税の課税対象）。[※3]
終了事由	(1) 受贈者が30歳に達したこと[※4] (2) 受贈者が死亡したこと (3) 口座残高が0，かつ，契約終了の合意があったこと	(1) 受贈者が50歳に達したこと (2) 受贈者が死亡したこと (3) 口座残高が0，かつ，契約終了の合意があったこと
終了時の取扱い	上記終了事由の(1)又は(3)により終了した場合に，非課税拠出額から教育資金支出額を控除した残額があるときは，その残額はその事由が生じた日の属する年の贈与税の課税価格に算入される[※5]。受贈者の死亡により終了した場合には，贈与税は課税されない。	上記終了事由の(1)又は(3)により終了した場合に，非課税拠出額から結婚・子育て資金支出額を控除した残額があるときは，その残額はその事由が生じた日の属する年の贈与税の課税価格に算入される[※5]。受贈者の死亡により終了した場合には，贈与税は課税されない。

※1　令和3年3月31日以前の契約により取得する受益権等については，贈与者の死亡前3年以内，かつ平成31年4月1日以降に拠出されたものに限る。

※2　令和5年3月31日以前の契約により取得する受益権等については，課税価格による制限はない（令和5年改正法附則51②）。

※3　令和3年4月1日以降の契約により取得する信託受益権等については，受贈者（贈与者の子以外の直系卑属（代襲相続人となった者を除く）に限る）に相続税が課税される場合は，この管理残額に対応する相続税は相続税額の加算 ➡p.51 の対象。

※4　30歳に達した時において，受贈者が学校等に在学している又は教育訓練を受けていることを取扱金融機関の営業所等に届け出た場合は，次のいずれか早い日まで適用可能。

　① 学校等に在学した日又は教育訓練を受けた日を届け出なかった年の12月31日
　② 40歳に達した日
※5　令和5年4月1日以後の契約により取得する受益権等については，一般贈与と
　　みなす（令和5年改正法附則51②③）。

2　教育資金の範囲　(措法70の2の2②一，措令40の4の3⑥～⑧)

(1)　学校等※に対して直接支払われる次のような金銭
① 入学金，授業料，入園料，保育料，施設設備費又は入学試験の検定料等
② 学用品費，修学旅行費，学校給食費等，学校等での教育に伴い必要な費用等

(2)　学校等以外に対して直接支払われる次のような金銭で教育を受けるために支払われるものとして社会通念上相当と認められるもの（500万円が限度。なお，令和1年7月1日以降の支払より，受贈者が23歳に達した日の翌日以後は，①から④は，教育訓練給付金の支給対象となる教育訓練受給費用のみが対象となる。）
① 教育（学習塾，そろばん等）に関する役務提供の対価や施設の使用料等
② スポーツ（水泳，野球等）又は文化芸術に関する活動（ピアノ，絵画等）その他教養の向上のための活動に係る指導への対価等
③ 上記①の役務提供又は②の指導で使用する物品の購入に要する金銭であって，その役務提供者又は指導者に直接支払われるもの
④ 物品の販売店等に支払われるもので，上記(1)②に充てるための金銭であって，学校等が必要と認めたもの
⑤ 通学定期券代，留学のための渡航費等の交通費（平成27年4月以降に支払う一定のものが対象）
※ 学校教育法で定められた幼稚園，小・中学校，高等学校，大学（院），専修学校及び各種学校，一定の外国の教育施設，認定こども園，保育所又は一定の認可外保育施設等をいう。

3　結婚・子育て資金　(措法70の2の3②一，措令40の4の4⑥⑦)

(1)　結婚に際して支払う次のような金銭（300万円が限度）
① 挙式費用，衣装代等の婚礼（結婚披露）費用
② 家賃，敷金等の新居費用，転居費用（一定の期間内に支払われるもの）

(2)　妊娠，出産及び育児に要する次のような金銭
① 不妊治療・妊婦健診に要する費用
② 分べん費等・産後ケアに要する費用
③ 小学校就学前の子の医療費，幼稚園・保育所・一定の認可外施設等の保育料（ベビーシッター代を含む）等

第6部　贈与税（相続時精算課税制度）

1 相続時精算課税の概要 （相法21の9，21の11の2①②，21の15①，相令5，5の2，措法70の2の6①，70の3の2①②③，70の3の3，令和5年改正法附則19）

項　目	相続時精算課税制度	（参考）暦年課税制度
概要	原則として，60歳以上の父母又は祖父母から，18歳以上の子又は孫への贈与について選択できる贈与税の制度である。贈与者の死亡時に相続税で精算する	暦年（1月1日〜12月31日の1年間）毎に，その年中に贈与された価額の合計額に対して贈与税を課税する制度である
贈与者	贈与年の1月1日において60歳以上※1の父母又は祖父母（贈与者ごとに選択可）	制限なし
受贈者	贈与年の1月1日において18歳以上の者のうち，贈与者の直系卑属である推定相続人又は孫※2	制限なし
届出	必要（一度選択すると，相続時まで継続適用，選択後の撤回は不可）	不要
控除額	基礎控除額：令和6年1月1日以後の贈与から，年間110万円（受贈者ごと） 特別控除額：2,500万円（贈与者ごと。限度額まで複数年にわたり使用可）	基礎控除額：年間110万円（受贈者ごと）
税率	上記の控除額を超えた部分に対して，一律20%の税率	基礎控除額を超えた部分に対して，10%〜55%の累進税率
手続	・選択を開始した年の翌年3月15日までに，本制度を選択する旨の届出書※3を提出※4 ・贈与年の翌年3月15日までに，贈与税を申告・納税（贈与額が基礎控除額以下の場合は申告・納税不要）	基礎控除額を超える贈与があった場合には，贈与年の翌年3月15日までに，贈与税を申告・納税

①民法 ②他申告 ③相続手続 ④相続計算 ⑤贈与税 ⑥精算課税 ⑦財産評価 ⑧事業承継 ⑨個人承継

相続時の精算	あり。相続税の計算時に合算して精算し，贈与財産は贈与時の評価額[4]で評価する。ただし，令和6年1月1日以後の贈与の基礎控除部分は相続財産に加算しない	なし。ただし，相続開始前7年（令和5年12月31日以前の贈与については3年）以内の贈与は贈与時の評価額で相続財産に加算する（相続開始前3年超7年以内の贈与は，合計100万円まで加算しない） ☞第4部9 ➡ p.52

※1　住宅取得等資金については，年齢制限なし（下記4参照）。

※2　贈与により「非上場株式等についての贈与税の納税猶予及び免除の特例（措法70の7の5）」の適用に係る非上場株式等を取得する場合には，贈与者が贈与をした年の1月1日において60歳以上であれば，受贈者が贈与者の直系卑属である推定相続人や孫以外の者（贈与を受けた年の1月1日において18歳以上の者に限る）であっても適用できる（措法70の2の7①）。

※3　下記3参照。

※4　土地・建物が災害により一定の被害を受けた場合には再計算をする。

2　相続時精算課税の計算

1　贈与税 （相法21の10～13，措法70の3の2，措令40の5の2）

相続時精算課税の選択年以後，相続時精算課税に係る贈与者（特定贈与者）ごとに，1年間に贈与を受けた財産の価額の合計額を基に贈与税額を計算する。

$$贈与税の額＝（贈与財産の価額の合計額－基礎控除額110万円^{※1}－特別控除額2,500万円^{※2}）×20\%$$

※1　特定贈与者が複数いる年については，110万円を次の算式により按分した金額

$$110万円 × \frac{分母のうち，各特定贈与者ごとの贈与財産の価額の合計額}{その年分の贈与税の課税価格に算入された，相続時精算課税の適用を受ける財産の価額の合計額}$$

※2　前年以前に既にこの特別控除額を控除している場合は，その残額

2　相続税 （相法21の14～17）

(1)　特定贈与者が死亡した場合

特定贈与者が死亡した場合には，その相続時精算課税を選択した受贈者に係る相続税額は，その贈与者からそれまでに贈与を受けた相続時精算課税の適用を受ける贈与財産の価額（贈与時の価額）[※]と相続や遺贈により取得した財産の価額とを合計した金額を基に計算した相続税額から，既に納めた相続時精算課税に係る贈与税額相当額を控除して算出する（相続税額よりも相続時精算課税に係る贈与税額相当額の方が多かった場合には，相続税の申告をすることにより還付を受けることもできる）。

※　令和6年1月1日以後の贈与については，基礎控除の額を控除した残額。

(2) 特定贈与者の死亡以前に相続時精算課税適用者（受贈者）が死亡した場合

① 特定贈与者である相続人（包括受遺者を含む。以下，(2)において同じ）

その相続人は，受贈者が有していた相続時精算課税の規定の適用を受けていたことに伴う納税に係る権利・義務を承継しない。

② 上記①以外の相続人

その相続人は，原則として，受贈者が有していた相続時精算課税の規定の適用を受けていたことに伴う納税に係る権利・義務を承継する（特定贈与者の死亡時に，精算を行う）（措法70の7 ⑬九，70の7の5 ⑩）。

3 相続時精算課税選択届出書の添付書類 （相法21の9 ②，相令5 ②，相規11，措規23の5の6～23の5の8，平成27年改正規附則2 ②）

受贈者	
直系卑属である推定相続人又は孫	左記以外で，贈与税の納税猶予・免除制度（第8・9部参照）の適用を受ける後継者
受贈者や特定贈与者の戸籍の謄本又は抄本その他の書類で，次の内容を証する書類 ① 受贈者の氏名，生年月日 ② 受贈者が贈与者の推定相続人又は孫であること	受贈者の氏名及び生年月日を証する書類
－	後継者（受贈者）が贈与者からの贈与により納税猶予・免除制度の対象となる株式等の取得をしたことを証する書類

4 住宅取得等資金の贈与を受けた場合の相続時精算課税の特例

1 概要 （措法70の3）

上記1の贈与者の年齢の要件（贈与年の1月1日において60歳以上）を満たさない場合であっても，令和8年12月31日までにされた，自己（受贈者）の居住の用に供する住宅用の家屋の新築，取得又は増改築等（以下「新築等」）の対価に充てるための金銭（以下「住宅取得等資金」）の贈与で一定の要件を満たすものについては，相続時精算課税を選択することができる（以下「相続時精算課税制度の特例」）。

① 民 法 ② 他 申 告 ③ 相続手続 ④ 相続計算 ⑤ 贈 与 税 ⑥ 精算課税 ⑦ 財産評価 ⑧ 事業承継 ⑨ 個人承継

2　適用要件（措法70の2②，70の3③，措令40の4の2，40の5，令和3年改正法附則75①）

　基本的に住宅取得等資金の贈与を受けた場合の贈与税の非課税の適用要件と同じだが，次のアンダーラインの部分について異なる。第5部11.3 ➡ p.81

項　目	相続時精算課税制度の特例	（参考）住宅取得等資金贈与の非課税
受贈者	贈与年の1月1日において18歳以上の者のうち，贈与時に贈与者の直系卑属である推定相続人又は孫であること	贈与年の1月1日において18歳以上の者のうち，贈与時に贈与者の直系卑属であること
	－	贈与年分の所得税に係る合計所得金額が2,000万円以下※であること
	－	平成21年分から平成26年分までの贈与税の申告で「住宅取得等資金の非課税」の適用を受けたことがないこと（一定の場合を除く）
家屋	〔新築又は取得の場合〕　家屋の登記簿上の床面積（区分所有建物の場合はその専有部分）が40㎡以上，かつ，その2分の1以上が居住の用に供されること〔増改築等の場合〕　家屋の登記簿上の床面積（区分所有建物の場合はその専有部分）が40㎡以上，かつ，その2分の1以上が居住の用に供されること	〔新築又は取得の場合〕　家屋の登記簿上の床面積（区分所有建物の場合はその専有部分）が40㎡以上240㎡以下，かつ，その2分の1以上が居住の用に供されること〔増改築等の場合〕　家屋の登記簿上の床面積（区分所有建物の場合はその専有部分）が40㎡以上240㎡以下，かつ，その2分の1以上が居住の用に供されること

※　家屋の床面積が40㎡以上50㎡未満の場合は1,000万円以下

3　手続（措規23の6⑨）

　贈与税の申告の際，相続時精算課税の特例の適用を受ける旨を記載した贈与税の申告書に，一定の書類を添付する必要がある。

第7部　財産評価

1　評価の原則（相法22，財基通１）

区　分	内　　　　容
評価の原則	相続税法に定めのあるものを除き，相続，遺贈又は贈与により取得した財産の価額は，その財産の取得の時における時価により，その財産の価額から控除すべき債務の金額は，その時の現況による。
時価の意義	時価とは，課税時期[※]において，それぞれの財産の現況に応じ，不特定多数の当事者間で自由な取引が行われる場合に通常成立すると認められる価額をいい，その価額は，財産評価基本通達の定めによって評価した価額による。
財産の評価	財産の評価に当たっては，その財産の価額に影響を及ぼすべきすべての事情を考慮する。

※　相続，遺贈若しくは贈与により財産を取得した日，若しくは相続税法の規定により相続，遺贈若しくは贈与により取得したものとみなされた財産のその取得の日又は地価税法に規定する課税時期。

2　共有財産・区分所有財産（財基通２，３）

区　分	評　　　価
共有財産	財産の価額をその共有者の持分に応じて按分した価額により評価
区分所有財産	財産評価基本通達により評価した財産の価額を基に，各部分の使用収益等の状況を勘案して計算した各部分に対応する価額によって評価

3　元本と果実（財基通４）

区　分	評　　　価	
	原　　　則	例　　　外
天然果実	元物の価額に含めて評価	左記と異なる取引慣行がある場合又は財産評価基本通達に特別の定めがある場合は，その慣行又はその定めにより評価
法定果実	元物とは別に評価	

① 民法
② 他申告
③ 相続手続
④ 相続計算
⑤ 贈与税
⑥ 精算課税
⑦ 財産評価
⑧ 事業承継
⑨ 個人承継

4 邦貨換算 （財基通4-3）

先物外国為替契約[※1]		換　　算
なし	財産	納税者の取引金融機関[※2]が公表する課税時期[※3]における最終の対顧客直物電信買相場（TTB）又はこれに準ずる相場）
	債務	納税者の取引金融機関[※2]が公表する課税時期[※3]における最終の対顧客直物電信売相場（TTS）又はこれに準ずる相場
あり		先物外国為替契約により確定している為替相場

※1　課税時期において選択権を行使していない選択権付為替予約を除く。

※2　外貨預金等，取引金融機関が特定されている場合は，その取引金融機関。

※3　課税時期に相場がない場合には，課税時期前の相場のうち，課税時期に最も近い日の相場。

5 評価方法の定めのない財産・通達の定めにより難い場合の評価 （財基通5，6）

① 財産評価基本通達に評価方法の定めのない財産の価額は，財産評価基本通達に定める評価方法に準じて評価する。

② 財産評価基本通達の定めによって評価することが著しく不適当と認められる財産の価額は，国税庁長官の指示を受けて評価する。

6 国外財産の評価 （財基通5-2）

区　分	評　　価
原則	財産評価基本通達に定める評価方法により評価する。
例外（財産評価基本通達で評価することができない財産）	① 財産評価基本通達に定める評価方法に準じて，又は売買実例価額，精通者意見価格等を参酌して評価する。 ② 課税上弊害がない限り，次のいずれかで評価することができる。 　イ その財産の取得価額を基に，その財産が所在する国等におけるその財産と同一種類の財産の一般的な価格動向に基づき時点修正して求めた価額 　ロ 課税時期後にその財産を譲渡した場合における譲渡価額を基に課税時期現在の価額として算出した価額

7　土地及び土地の上に存する権利

1　通則

(1)　棚卸資産に該当する不動産の評価 (財基通4-2)

棚卸資産に該当する不動産は，下記15の定めに準じて評価する。

(2)　土地の評価上の区分 (財基通7)

土地の価額は，次に掲げる地目の別に評価する。ただし，一体として利用されている一団の土地が2以上の地目からなる場合には，その一団の土地は，そのうちの主たる地目からなるものとして，その一団の土地ごとに評価する。なお，地目は，課税時期の現況により判定する。

①宅地　②田　③畑　④山林　⑤原野　⑥牧場　⑦池沼　⑧鉱泉地　⑨雑種地

(3)　評価単位 (財基通7-2)

区　分	評　価　単　位	
	原　　則	例外（市街地にある場合）
宅地	1画地の宅地※1・2	－
田・畑（以下「農地」）	1枚の農地（耕作の単位となっている1区画の農地）※1	市街地周辺農地，市街地農地及び生産緑地は，利用の単位となっている一団の農地
山林	1筆の山林※1	市街地山林は，利用の単位となっている一団の山林
原野	1筆の原野※1	市街地原野は，利用の単位となっている一団の原野
牧場・池沼	原野に準ずる	原野に準ずる
鉱泉地	1筆の鉱泉地	－
雑種地	利用の単位となっている一団の雑種地（同一の目的に供されている雑種地）※1	市街化調整区域以外の都市計画区域で市街地的形態を形成する地域において，宅地と状況が類似する雑種地が2以上の評価単位により一団となっており，その形状，地積の大小，位置等からみてこれらを一団として評価することが合理的と認められる場合には，その一団の雑種地

※1　相続，遺贈又は贈与により取得した宅地は，原則として，取得者が取得した宅地ごとに判定するが，これらが親族間等で行われた場合において，例えば，分割後の画地等が宅地等として通常の用途に供することができない等，その分割が著しく不合理であると認められるときは，その分割前で判断する。

※2　宅地の評価単位は，具体的には，次のように判定する (昭48直資2-189)。

宅地の利用状況等	評価単位
所有する宅地を自ら使用	その全体を1画地の宅地（用途は問わない）
所有する宅地の一部について借地権を設定，他の部分は自己が使用	それぞれの部分が1画地の宅地
所有する宅地の一部を貸家の敷地，他の部分は自己が使用	それぞれの部分が1画地の宅地
所有する宅地の一部について借地権を設定，他の部分を貸家の敷地	それぞれの部分が1画地の宅地
借地権の目的となっている宅地の貸付先が複数である	同一人に貸し付けられている部分ごとに1画地の宅地
貸家建付地を評価する場合において，貸家が複数棟ある	原則として，各棟の敷地ごとに1画地の宅地
2以上の者から隣接している土地を借りて，これを一体として利用している	〔借主の借地権の評価〕 その全体を1画地の宅地 〔貸主側の貸宅地の評価〕 各貸主の所有する部分ごとに区分して，それぞれを1画地の宅地
共同ビルの敷地	その全体を1画地の宅地 （例） A 土地所有者（甲）　B 土地所有者（乙）　C 土地所有者（丙） 共同ビル（甲，乙，丙，丁共有） D 土地所有者（丁） 上図のような場合には，土地A，B，C及びD全体を1画地の宅地として評価した価額に，甲，乙，丙及び丁の有するそれぞれの土地の価額の比を乗じた金額により評価する。
所有する宅地の一部を自己が使用し，他の部分は使用貸借^{※3}により貸付	その全体を1画地の宅地 （例） A 建物所有者（甲）　B 建物所有者（乙） 土地所有者（甲）

① 民法

② 他申告

③ 相続手続

④ 相続計算

⑤ 贈与税

⑥ 精算課税

⑦ 財産評価

⑧ 事業承継

⑨ 個人承継

	上図のような場合には，土地A，B全体を1画地の宅地として評価する。
自己の所有する宅地に隣接する宅地を使用貸借により借り受け，自己の所有する宅地と一体利用	所有する土地のみを1画地の宅地（例） A　B 建物所有者（甲） 土地所有者（甲）　土地所有者（乙）
	上図のような場合には，土地A，Bそれぞれを1画地の宅地として評価する。

※3　例えば，土地の借受者と所有者との間にその借受けに係る土地の公租公課に相当する金額以下の金額の授受があるにすぎないものは使用貸借に該当し，その土地の借受けについて地代の授受がないものであっても権利金その他地代に代わるべき経済的利益の授受のあるものは使用貸借に該当しない。

(4)　地積（財基通8）

課税時期における実際の面積による。

(5)　土地の上に存する権利の評価上の区分（財基通9）

土地の上に存する権利の価額は，次に掲げる権利の別に評価する。

①地上権（区分地上権及び借地権を除く）　②区分地上権　③永小作権　④区分地上権に準ずる地役権　⑤借地権（定期借地権等を除く）　⑥定期借地権等　⑦耕作権　⑧温泉権（引湯権を含む）　⑨賃借権（借地権・定期借地権等・耕作権・温泉権を除く）　⑩占用権

2　宅地

(1)　評価の方式（財基通11）

区　　分	評価方式
市街地的形態を形成する地域にある宅地	路線価方式
上記以外	倍率方式

(2)　特定路線価（財基通14-3）

相続税又は贈与税の申告に際し，路線価地域内において，路線価の設定されていない道路のみに接している宅地を評価する必要がある場合には，税務署長に「特定路線価設定申出書」を提出し，特定路線価の設定を求めることができる。

(3)　自用地の評価

①　倍率方式（財基通21，21-2）

固定資産税評価額×倍率

　ただし，地積規模の大きな宅地（大規模工場用地を除く）については，「その宅地が標準的な間口距離及び奥行距離の宅地であるとした場合の1㎡当たりの価額」（近傍宅地の価額×宅地の倍率）を路線価とし，かつ，その宅地が普通住宅地区に所在するものとして下記②の「地積規模の大きな宅地」に準じて計算することができる。

②　路線価方式（財基通13，15〜18，20〜20-6）

> ## 下表により求めた1㎡当たりの価額×地積

区　分	1㎡当たりの価額	
一路線に面する宅地	正面路線価×奥行価格補正率[※1] （複数路線に接している場合の正面路線は，原則として，その宅地の接する路線価に奥行価格補正率を乗じて計算した金額の高い方の路線をいう）	Ⓐ
二路線に面する宅地	Ⓐ＋（側方/裏面）路線価×奥行価格補正率×（側方/二方）路線影響加算率[※2・3]	Ⓑ
三路線に面する宅地	Ⓑ＋（側方/裏面）路線価×奥行価格補正率×（側方/二方）路線影響加算率	Ⓒ
四路線に面する宅地	Ⓒ＋（側方/裏面）路線価×奥行価格補正率×（側方/二方）路線影響加算率	Ⓓ
間口が狭小・奥行が長大な宅地	Ⓐ〜Ⓓのうち×間口狭小補正率[※4]×奥行長大補正率[※5] 該当するもの	Ⓔ
不整形地	Ⓐ〜Ⓓのうち該当するもの[※6]×不整形地補正率 〔不整形地補正率の計算〕 　イ　想定整形地の地積 　　　想定整形地の間口距離×想定整形地の奥行距離 　ロ　かげ地割合 　　　（イ－不整形地の地積）÷イ 　ハ　不整形地補正率 　　(イ)　不整形地補正率表の補正率[※7]×間口狭小補正率 　　(ロ)　奥行長大補正率×間口狭小補正率 　　(ハ)　(イ)か(ロ)のうち，いずれか低い率（0.6が限度）	Ⓕ
地積規模の大きな宅地[※8]	Ⓐ〜Ⓕのうち該当するもの×規模格差補正率[※9] （地積規模の大きな宅地の評価は，課税時期が平成30年1月1日以降の場合に適用される。広大地の評価は下記③参照）	Ⓖ
無道路地	Ⓕ又はⒼのうち該当するもの×（1－相当割合） 〔相当割合の計算〕 　イ　（正面路線価×通路部分の地積）÷（Ⓕ又はⒼのうち該当するもの×評価対象地の地積）	Ⓗ

	ロ　0.4 ハ　イ又はロのうち，いずれか小さい割合 （実際に利用している路線の路線価に基づき計算する）	
がけ地等を有する宅地	Ⓐ～Ⓗのうち該当するもの×がけ地補正率^{※10}	Ⓘ
土砂災害特別警戒区域内にある宅地	Ⓐ～Ⓗのうち該当するもの×特別警戒区域補正率^{※11}（注） （注）　がけ地補正率の適用がある場合の特別警戒区域補正率 　イ　特別警戒区域補正率表の補正率^{※11}×がけ地補正率 　　　＝（小数点以下2位未満切り捨て） 　ロ　0.5 　ハ　イ又はロのうち、いずれか大きい割合	Ⓙ
容積率の異なる2以上の地域にわたる宅地	Ⓐ～Ⓘのうち該当するもの×（1－控除割合） 〔控除割合の計算〕 $1 - \dfrac{容積率の異なる部分の各部分に適用される容積率にその各部分の地積を乗じて計算した数値の合計}{正面路線に接する部分の容積率 \times 宅地の総地積} \times 容積率が価額に及ぼす影響度^{※12}$	Ⓚ

※1　奥行価格補正率表（平成31年分以降用）
　◇　間口距離：「想定整形地の間口距離」か「実際の間口距離」のうち，いずれか短い距離
　◇　奥行距離：「評価対象地の面積÷間口距離」か「想定整形地の奥行距離」のうち，いずれか短い距離

地区区分 奥行距離(m)	ビル街地区	高度商業地区	繁華街地区	普通商業・併用住宅地区	普通住宅地区	中小工場地区	大工場地区
4未満	0.80	0.90	0.90	0.90	0.90	0.85	0.85
4以上6未満		0.92	0.92	0.92	0.92	0.90	0.90
6 〃 8 〃	0.84	0.94	0.95	0.95	0.95	0.93	0.93
8 〃 10 〃	0.88	0.96	0.97	0.97	0.97	0.95	0.95
10 〃 12 〃	0.90	0.98	0.99	0.99		0.96	0.96
12 〃 14 〃	0.91	0.99	1.00	1.00	1.00	0.97	0.97
14 〃 16 〃	0.92	1.00				0.98	0.98

①民法　②他申告　③相続手続　④相続計算　⑤贈与税　⑥精算課税　⑦財産評価　⑧事業承継　⑨個人承継

16 // 20 //	0.93	1.00		1.00		0.99	0.99
20 // 24 //	0.94		1.00			1.00	1.00
24 // 28 //	0.95				0.97		
28 // 32 //	0.96		0.98		0.95		
32 // 36 //	0.97		0.96	0.97	0.93		
36 // 40 //	0.98		0.94	0.95	0.92		
40 // 44 //	0.99		0.92	0.93	0.91		
44 // 48 //	1.00		0.90	0.91	0.90		
48 // 52 //		0.99	0.88	0.89	0.89		
52 // 56 //		0.98	0.87	0.88	0.88		
56 // 60 //		0.97	0.86	0.87	0.87		
60 // 64 //		0.96	0.85	0.86	0.86	0.99	1.00
64 // 68 //		0.95	0.84	0.85	0.85	0.98	
68 // 72 //		0.94	0.83	0.84	0.84	0.97	
72 // 76 //		0.93	0.82	0.83	0.83	0.96	
76 // 80 //		0.92	0.81	0.82			
80 // 84 //		0.90	0.80	0.81	0.82	0.93	
84 // 88 //		0.88					
88 // 92 //		0.86		0.80		0.90	
92 // 96 //	0.99	0.84			0.81		
96 // 100 //	0.97	0.82					
100 //	0.95	0.80			0.80		

※2　側方路線影響加算率表

地 区 区 分	加 算 率	
	角地の場合	準角地の場合
ビル街地区	0.07	0.03
高度商業地区，繁華街地区	0.10	0.05
普通商業・併用住宅地区	0.08	0.04
普通住宅地区，中小工場地区	0.03	0.02
大工場地区	0.02	0.01

※3 二方路線影響加算率表

地　区　区　分	加算率
ビル街地区	0.03
高度商業地区，繁華街地区	0.07
普通商業・併用住宅地区	0.05
普通住宅地区，中小工場地区，大工場地区	0.02

※4 間口狭小補正率表

地区区分 間口距離(m)	ビル街地区	高度商業地区	繁華街地区	普通商業・併用住宅地区	普通住宅地区	中小工場地区	大工場地区
4 未満	-	0.85	0.90	0.90	0.90	0.80	0.80
4 以上 6 未満	-	0.94	1.00	0.97	0.94	0.85	0.85
6 〃 8 〃	-	0.97		1.00	0.97	0.90	0.90
8 〃 10 〃	0.95	1.00			1.00	0.95	0.95
10 〃 16 〃	0.97			1.00		1.00	0.97
16 〃 22 〃	0.98	1.00					0.98
22 〃 28 〃	0.99					1.00	0.99
28 〃	1.00						1.00

※5 奥行長大補正率表

奥行距離 間口距離 地区区分	ビル街地区	高度商業地区 繁華街地区 普通商業・ 併用住宅地区	普通住宅地区	中小工場地区	大工場地区
2 以上 3 未満	1.00	1.00	0.98	1.00	1.00
3 〃 4 〃		0.99	0.96	0.99	
4 〃 5 〃		0.98	0.94	0.98	
5 〃 6 〃		0.96	0.92	0.96	
6 〃 7 〃		0.94	0.90	0.94	
7 〃 8 〃		0.92		0.92	
8 〃		0.90		0.90	

※6 不整形地の評価の基礎

　次のいずれかの方法により上記ⒶからⒹまでの定めによって計算した価額となる。

① 民 法

② 他 申 告

③ 相 続 手 続

④ 相 続 計 算

⑤ 贈 与 税

⑥ 精 算 課 税

⑦ 財 産 評 価

⑧ 事 業 承 継

⑨ 個 人 承 継

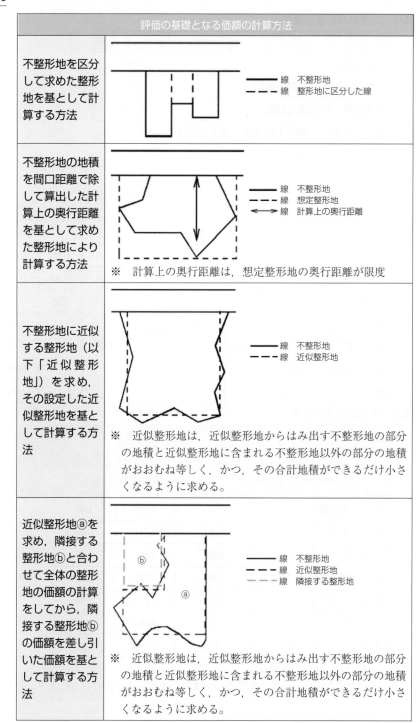

評価の基礎となる価額の計算方法	
不整形地を区分して求めた整形地を基として計算する方法	── 線 不整形地 ---- 線 整形地に区分した線
不整形地の地積を間口距離で除して算出した計算上の奥行距離を基として求めた整形地により計算する方法	── 線 不整形地 ---- 線 想定整形地 ←→ 線 計算上の奥行距離 ※ 計算上の奥行距離は，想定整形地の奥行距離が限度
不整形地に近似する整形地（以下「近似整形地」）を求め，その設定した近似整形地を基として計算する方法	── 線 不整形地 ---- 線 近似整形地 ※ 近似整形地は，近似整形地からはみ出す不整形地の部分の地積と近似整形地に含まれる不整形地以外の部分の地積がおおむね等しく，かつ，その合計地積ができるだけ小さくなるように求める。
近似整形地ⓐを求め，隣接する整形地ⓑと合わせて全体の整形地の価額の計算をしてから，隣接する整形地ⓑの価額を差し引いた価額を基として計算する方法	── 線 不整形地 ---- 線 近似整形地 ---- 線 隣接する整形地 ※ 近似整形地は，近似整形地からはみ出す不整形地の部分の地積と近似整形地に含まれる不整形地以外の部分の地積がおおむね等しく，かつ，その合計地積ができるだけ小さくなるように求める。

※7　不整形地補正率表・地積区分表

（不整形地補正率表）

地区区分 かげ地割合	高度商業地区，繁華街地区，普通商業・併用住宅地区，中小工場地区			普通住宅地区		
	A	B	C	A	B	C
10%以上	0.99	0.99	1.00	0.98	0.99	0.99
15% 〃	0.98	0.99	0.99	0.96	0.98	0.99
20% 〃	0.97	0.98	0.99	0.94	0.97	0.98
25% 〃	0.96	0.98	0.99	0.92	0.95	0.97
30% 〃	0.94	0.97	0.98	0.90	0.93	0.96
35% 〃	0.92	0.95	0.98	0.88	0.91	0.94
40% 〃	0.90	0.93	0.97	0.85	0.88	0.92
45% 〃	0.87	0.91	0.95	0.82	0.85	0.90
50% 〃	0.84	0.89	0.93	0.79	0.82	0.87
55% 〃	0.80	0.87	0.90	0.75	0.78	0.83
60% 〃	0.76	0.84	0.86	0.70	0.73	0.78
65% 〃	0.70	0.75	0.80	0.60	0.65	0.70

◇　地区区分に応ずる地積区分は，下記「地積区分表」による。

◇　かげ地割合は次の算式により計算した割合による。

$$かげ地割合 = \frac{想定整形地の地積 - 不整形地の地積}{想定整形地の地積}$$

◇　大工場地区にある不整形地については，次のとおり。

原則：不整形地補正を行わない。

例外：地積がおおむね9,000㎡程度までのものは，中小工場地区の区分により不整形地補正をすることができる。

（地積区分表）

地区区分 地積区分	A	B	C
高度商業地区	1,000㎡未満	1,000㎡以上 1,500㎡未満	1,500㎡以上
繁華街地区	450㎡未満	450㎡以上 700㎡未満	700㎡以上
普通商業・併用住宅地区	650㎡未満	650㎡以上 1,000㎡未満	1,000㎡以上

	500㎡未満	500㎡以上 750㎡未満	750㎡以上
普通住宅地区	500㎡未満	500㎡以上 750㎡未満	750㎡以上
中小工場地区	3,500㎡未満	3,500㎡以上 5,000㎡未満	5,000㎡以上

※8　地積規模の大きな宅地の判定フローチャート

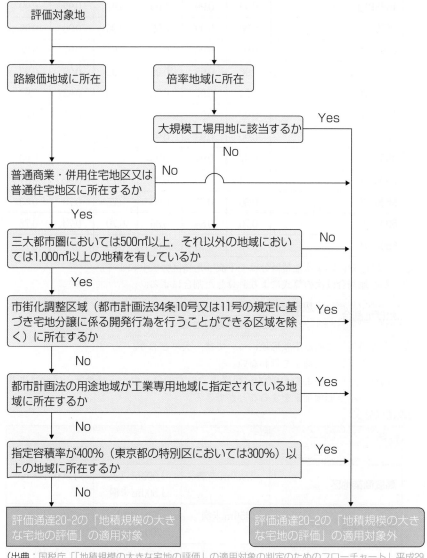

(出典：国税庁「「地積規模の大きな宅地の評価」の適用対象の判定のためのフローチャート」平成29
　　年10月）

◇ 三大都市圏に該当する都市

圏名	都府県名		都　市　名
首都圏	東京都	全域	特別区，武蔵野市，八王子市，立川市，三鷹市，青梅市，府中市，昭島市，調布市，町田市，小金井市，小平市，日野市，東村山市，国分寺市，国立市，福生市，狛江市，東大和市，清瀬市，東久留米市，武蔵村山市，多摩市，稲城市，羽村市，あきる野市，西東京市，瑞穂町，日の出町
	埼玉県	全域	さいたま市，川越市，川口市，行田市，所沢市，加須市，東松山市，春日部市，狭山市，羽生市，鴻巣市，上尾市，草加市，越谷市，蕨市，戸田市，入間市，朝霞市，志木市，和光市，新座市，桶川市，久喜市，北本市，八潮市，富士見市，三郷市，蓮田市，坂戸市，幸手市，鶴ケ島市，日高市，吉川市，ふじみ野市，白岡市，伊奈町，三芳町，毛呂山町，越生町，滑川町，嵐山町，川島町，吉見町，鳩山町，宮代町，杉戸町，松伏町
		一部	熊谷市，飯能市
	千葉県	全域	千葉市，市川市，船橋市，松戸市，野田市，佐倉市，習志野市，柏市，流山市，八千代市，我孫子市，鎌ケ谷市，浦安市，四街道市，印西市，白井市，富里市，酒々井町，栄町
		一部	木更津市，成田市，市原市，君津市，富津市，袖ケ浦市
	神奈川県	全域	横浜市，川崎市，横須賀市，平塚市，鎌倉市，藤沢市，小田原市，茅ケ崎市，逗子市，三浦市，秦野市，厚木市，大和市，伊勢原市，海老名市，座間市，南足柄市，綾瀬市，葉山町，寒川町，大磯町，二宮町，中井町，大井町，松田町，開成町，愛川町
		一部	相模原市
	茨城県	全域	龍ケ崎市，取手市，牛久市，守谷市，坂東市，つくばみらい市，五霞町，境町，利根町
		一部	常総市
近畿圏	京都府	全域	亀岡市，向日市，八幡市，京田辺市，木津川市，久御山町，井手町，精華町
		一部	京都市，宇治市，城陽市，長岡京市，南丹市，大山崎町
	大阪府	全域	大阪市，堺市，豊中市，吹田市，泉大津市，守口市，富田林市，寝屋川市，松原市，門真市，摂津市，高石市，藤井寺市，大阪狭山市，忠岡町，田尻町

① 民法
② 他申告
③ 相続手続
④ 相続計算
⑤ 贈与税
⑥ 精算課税
⑦ 財産評価
⑧ 事業承継
⑨ 個人承継

近畿圏		一部	岸和田市，池田市，高槻市，貝塚市，枚方市，茨木市，八尾市，泉佐野市，河内長野市，大東市，和泉市，箕面市，柏原市，羽曳野市，東大阪市，泉南市，四條畷市，交野市，阪南市，島本町，豊能町，能勢町，熊取町，岬町，太子町，河南町，千早赤阪村
	兵庫県	全域	尼崎市，伊丹市
		一部	神戸市，西宮市，芦屋市，宝塚市，川西市，三田市，猪名川町
	奈良県	全域	大和高田市，安堵町，川西町，三宅町，田原本町，上牧町，王寺町，広陵町，河合町，大淀町
		一部	奈良市，大和郡山市，天理市，橿原市，桜井市，五條市，御所市，生駒市，香芝市，葛城市，宇陀市，平群町，三郷町，斑鳩町，高取町，明日香村，吉野町，下市町
中部圏	愛知県	全域	名古屋市，一宮市，瀬戸市，半田市，春日井市，津島市，碧南市，刈谷市，安城市，西尾市，犬山市，常滑市，江南市，小牧市，稲沢市，東海市，大府市，知多市，知立市，尾張旭市，高浜市，岩倉市，豊明市，日進市，愛西市，清須市，北名古屋市，弥富市，みよし市，あま市，長久手市，東郷町，豊山町，大口町，扶桑町，大治町，蟹江町，阿久比町，東浦町，南知多町，美浜町，武豊町，幸田町，飛島村
		一部	岡崎市，豊田市
	三重県	全域	四日市市，桑名市，木曽岬町，東員町，朝日町，川越町
		一部	いなべ市

※9　規模格差補正率

$$規模格差補正率 \times \frac{ⓐ \times ⓑ + ⓒ}{地積規模の大きな宅地の地積（ⓐ）} \times 0.8$$

（小数点以下
2 位未満切捨）

◇　三大都市圏

地積　　　　　記号	ⓑ	ⓒ
500㎡以上　1,000㎡未満	0.95	25
1,000　〃　3,000　〃	0.90	75
3,000　〃　5,000　〃	0.85	225
5,000　〃	0.80	475

◇　三大都市圏以外

記号 地積	ⓑ	ⓒ
1,000㎡以上　3,000㎡未満	0.90	100
3,000　〃　　5,000〃	0.85	250
5,000　〃	0.80	500

※10　がけ地補正率表

がけ地の方位 がけ地地積 総地積	南	東	西	北
0.10以上	0.96	0.95	0.94	0.93
0.20　〃	0.92	0.91	0.90	0.88
0.30　〃	0.88	0.87	0.86	0.83
0.40　〃	0.85	0.84	0.82	0.78
0.50　〃	0.82	0.81	0.78	0.73
0.60　〃	0.79	0.77	0.74	0.68
0.70　〃	0.76	0.74	0.70	0.63
0.80　〃	0.73	0.70	0.66	0.58
0.90　〃	0.70	0.65	0.60	0.53

◇　がけ地の方位は，斜面の向きによる。

◇　2方位以上のがけ地がある場合のがけ地補正率は，次の算式により計算した割合となる。

$$\frac{\left[\begin{array}{l}\text{総地積に対するがけ}\\\text{地部分の全地積の割}\\\text{合に応ずるA方位のが}\\\text{け地補正率}\end{array}\times\begin{array}{l}\text{A方位の}\\\text{がけ地の}\\\text{地積}\end{array}+\begin{array}{l}\text{総地積に対するがけ}\\\text{地部分の全地積の割}\\\text{合に応ずるB方位の}\\\text{がけ地補正率}\end{array}\times\begin{array}{l}\text{B方位の}\\\text{がけ地の}\\\text{地積}\end{array}+\cdots\cdots\right]}{\text{がけ地部分の全地積}}$$

◇　上表の方位に該当しない「東南斜面」等は，がけ地の方位の東と南に応ずるがけ地補正率を平均して求めることができる。

※11　特別警戒区域補正率表

特別警戒区域の地積 総地積	補正率
0.10以上	0.90
0.40　〃	0.80
0.70　〃	0.70

※12　容積率が価額に及ぼす影響度

地区区分	影響度
高度商業地区，繁華街地区	0.8
普通商業・併用住宅地区	0.5
普通住宅地区	0.1

③　広大地の評価（旧財基通24-4）

　広大地の評価は，課税時期が平成29年12月31日以前の場合に適用される。

イ　広大地とは

　広大地とは，その地域における標準的な宅地の地積に比して著しく地積が広大な宅地で，都市計画法に規定する開発行為を行う場合に公共公益的施設用地の負担が必要と認められるものをいう。ただし，大規模工場用地に該当するもの及び中高層の集合住宅等の敷地用地に適しているものは除かれる。

ロ　評価

区　分	評　　　価
路線価地域	正面路線価×広大地補正率×地積 〔不整形地補正率の計算〕 $$0.6 - 0.05 \times \dfrac{広大地の地積}{1,000㎡} \quad （下限は0.35）$$
倍率地域	その宅地が標準的な間口距離及び奥行距離の宅地であるとした場合の1㎡当たりの価額（近傍宅地の価額×宅地の倍率）を，上記算式の「正面路線価」に置き換えて計算する

④　大規模工場用地等の評価（財基通22，22-2）

　大規模工場用地とは，一団の工場用地の地積が5万㎡以上で，路線価地域においては，大工場地区として定められた地域に所在するものをいう。

区　分	評　　価	
	地積20万㎡未満	地積20万㎡以上
路線価地域	正面路線価×地積	左記により計算した価額×95%
倍率地域	固定資産税評価額×倍率	

⑤　私道の評価（財基通24）

区　　分	評　　価
不特定多数の者の通行の用	評価しない
上記以外	自用地としての価額[※]×30%

※　路線価方式の場合は，上記②のⒶ～Ⓙのうち該当するもの

⑥　土地区画整理事業施行中の宅地の評価（財基通24-2）

イ　仮換地が指定されている場合

区　　　分		評　　価
原　　　則		仮換地の価額に相当する価額
例外	仮換地の造成工事の完了まで1年超と見込まれる場合（下記に該当する場合を除く）	造成工事が完了したとして評価した仮換地の価額×95%
	次のいずれにも該当する場合 (イ)　仮換地に係る使用・収益の開始日を別に定めるとされているため，その仮換地について使用・収益を開始できない (ロ)　仮換地の造成工事が行われていない	従前の宅地の価額

ロ　仮換地が指定されていない場合

> 従前の宅地の価額

⑦　造成中の宅地の評価（財基通24-3）

> 造成工事着手直前の地目による評価額＋造成に係る費用現価×80%

⑧　セットバックを必要とする宅地の評価（財基通24-6）

　建築基準法42条2項に規定する道路に面し，将来，建物の建替え時等に道路敷きとして提供しなければならない部分がある宅地の価額は，次により評価する。

> 道路敷きとして提供する必要がないものとした場合の価額×（1－控除割合※）

※　控除割合

$$\frac{\text{将来，建物の建替え時等に道路敷きとして提供しなければならない部分の地積}}{\text{宅地の総地積}} \times 0.7$$

(1) 民法　(2) 他申告　(3) 相続手続　(4) 相続計算　(5) 贈与税　(6) 精算課税　(7) 財産評価　(8) 事業承継　(9) 個人承継

⑨　都市計画道路予定地の区域内にある宅地の評価（財基通24-7）

> **都市計画道路予定地の区域内となる部分がないものとした場合の価額×補正率**

〔補正率〕

地区区分／地積割合※	ビル街地区，高度商業地区		繁華街地区，普通商業・併用住宅地区				普通住宅地区，中小工場地区，大工場地区		
	700%未満	700%以上	300%未満	300%以上400%未満	400%以上500%未満	500%以上	200%未満	200%以上300%未満	300%以上
30%未満	0.88	0.85	0.97	0.94	0.91	0.88	0.99	0.97	0.94
30%以上60%未満	0.76	0.70	0.94	0.88	0.82	0.76	0.98	0.94	0.88
60%以上	0.60	0.50	0.90	0.80	0.70	0.60	0.97	0.90	0.60

※　都市計画道路予定地の部分の地積÷その宅地の総地積

⑩　利用価値が著しく低下している宅地の評価（国税庁「タックスアンサーNo.4617」）

路線価，固定資産税評価額又は倍率が，利用価値の著しく低下している状況を考慮して付されている場合を除き，次により評価する。

> 利用価値が低下していないとして評価した宅地の価額 × $\left(1 - \dfrac{\text{利用価値が低下していると認められる部分の面積}}{\text{総地積}} \times 10\% \right)$

〔利用価値が著しく低下していると認められる宅地の例〕
　①　道路より高い位置にある宅地又は低い位置にある宅地で，その付近にある宅地に比べて著しく高低差のあるもの
　②　地盤に甚だしい凹凸のある宅地
　③　震動の甚だしい宅地
　④　上記①〜③以外の宅地で，騒音，日照阻害，臭気，忌み等により，その取引金額に影響を受けると認められるもの

(4)　貸宅地・借地権等の評価

①　貸宅地・借地権の評価（財基通25(1)，27，昭43直資3-22，昭60課資2-58）
　借地権とは，建物の所有を目的とする地上権又は土地の賃借権をいう（借地借家法2 一）。

イ　借地権の取引慣行があると認められる地域

評価区分／契約内容			貸手（貸宅地の評価）		借手（借地権の評価）	
			貸手・借手ともに個人	左記以外	貸手・借手ともに個人	左記以外
使用貸借	無償返還の届出※1あり		–	自用地としての価額	–	0
使用貸借	上記以外		自用地としての価額		0	
賃貸借	通常の権利金の収受あり		自用地としての価額×（1－借地権割合）		自用地としての価額×借地権割合	
賃貸借	上記以外 相当地代※3を収受	権利金の収受なし，かつ，相当地代を維持	自用地としての価額×80%		0 （貸手が株主である場合の同族会社の株式評価は，自用地としての価額×20%）	
賃貸借	上記以外 相当地代を収受	上記以外	(イ) 自用地としての価額－借地権の価額※2 (ロ) 自用地としての価額×80% (ハ) (イ)か(ロ)のうち，いずれか少ない金額		(イ) 借地権の価額※2 (ロ) 自用地としての価額×20% (ハ) (イ)か(ロ)のうち，いずれか多い金額	
賃貸借	上記以外	下記以外	–	自用地としての価額×80%	–	0
賃貸借	上記以外	権利金の授受なし，かつ，無償返還の届出※1あり	–	自用地としての価額×80%	–	0 （貸手が株主である場合の同族会社の株式評価は，自用地としての価額×20%）

※1　法人が貸手又は借手である場合において，賃貸借契約書等に将来借手がその土地を無償で返還することが定められているときは，税務署長に無償返還の届出をすることにより，設定時に権利金の認定課税は行われない（法基通13-1-7）。

※2　$自用地としての価額 \times 借地権割合 \times \left(1 - \dfrac{実際地代の年額 - 通常地代※4の年額}{相当地代の年額 - 通常地代の年額}\right)$

※3　自用地としての価額（過去3年間の自用地としての価額の平均）×年6％

※4　相当地代×（1－借地権割合）

ロ　上記イ以外の地域

貸手（貸宅地の評価）	借手（借地権の評価）
自用地としての価額×80%	0

② 定期借地権等の評価（財基通27-2，27-3）

定期借地権等とは，借地借家法22条から25条に基づく借地権をいう。

イ　原則（下記以外）

課税時期において借地権者に帰属する経済的利益及びその存続期間を基として評定

した価額によって評価する。

ロ　例外（課税上弊害がない場合）

次の算式により計算した金額によって評価する。

$$\text{自用地とし}\atop\text{ての価額} \times \frac{\text{設定時における借地権者に帰属する経済的利益の総額}^{※}}{\text{設定時におけるその宅地の通常の取引価額}} \times \frac{\text{残存期間年数に応ずる基準年利率による複利年金現価率}}{\text{設定期間年数に応ずる基準年利率による複利年金現価率}}$$

※　次に掲げる金額の合計額。

区　分	借地権者に帰属する経済的利益
借地契約の終了時に返還不要な金銭の支払等がある場合	課税時期において支払われるべき金額又は供与すべき財産の価額に相当する金額
借地契約の終了時に返還が必要な保証金等の預託があった場合において，その保証金等の約定利率が基準年利率未満のとき又は無利息のとき	$\left(\begin{array}{l}\text{保証金等の}\\\text{額に相当す}\\\text{る金額}\end{array}\right. - \left(\begin{array}{l}\text{保証金等の}\\\text{額に相当す}\\\text{る金額}\end{array} \times \begin{array}{l}\text{定期借地権等の設定期間年}\\\text{数に応じる基準年利率によ}\\\text{る複利現価率}\end{array}\right)$ $\left. - \left(\begin{array}{l}\text{保証金等の}\\\text{額に相当す}\\\text{る金額}\end{array} \times \begin{array}{l}\text{基準年利}\\\text{率未満の}\\\text{約定利率}\end{array} \times \begin{array}{l}\text{定期借地権等の設定期間年}\\\text{数に応じる基準年利率によ}\\\text{る複利年金現価率}\end{array}\right)\right.$
実質的に贈与を受けたと認められる差額地代がある場合	$\text{差額地代の額} \times \begin{array}{l}\text{定期借地権等の設定期間年}\\\text{数に応じる基準年利率によ}\\\text{る複利年金現価率}\end{array}$

③　定期借地権等の目的となっている宅地の評価

イ　一般定期借地権の目的となっている宅地 （平10課評2-8）

一般定期借地権とは，公正証書等の書面により借地期間を50年以上とし，借地期間満了により確定的に終了する借地契約に基づく借地権をいう （借地借家法22）。

(イ)　課税上弊害がある場合

次の場合は，課税上弊害があるとして，下記ハにより評価する。

㋑　借地権者と借地権設定者の関係が親族間や同族法人等の特殊関係者間の場合

㋺　第三者間の設定等であっても税負担回避目的と認められる場合

(ロ)　上記(イ)以外の場合

> 自用地としての価額－一般定期借地権に相当する価額$^{※1}$

※1
$$\text{課税時期に}\atop\text{おける自用地}\atop\text{としての価額} \times (1-\text{底地割合}^{※2}) \times \frac{\text{課税時期におけるその一般定期借地権の残存期間年数に応ずる基準年利率による複利年金現価率}}{\text{一般定期借地権の設定期間年数に応ずる基準年利率による複利年金現価率}}$$

※2　一般定期借地権が設定された時点の底地割合

借地権割合	路線価図	C地域	D地域	E地域	F地域	G地域
	評価倍率表（％）	70	60	50	40	30
底地割合（％）		55	60	65	70	75

（A地域，B地域及び借地権の取引慣行のない地域は，下記ハにより評価する。）

ロ 一時使用目的の借地権の目的となっている宅地

一時使用目的の借地権とは，建設現場，博覧会場，一時的興行場等，その性質上一時的な事業に必要とされる臨時的な設備を所有することを目的とする借地権で，存続期間等について借地借家法の適用がないものをいう（借地借家法25）。

> 自用地としての価額－一時使用目的の借地権の価額※

※ 雑種地の賃借権の評価方法に準じてする。

ハ 上記以外の定期借地権等の目的となっている宅地（財基通25(2)）

(イ) 自用地としての価額－定期借地権等の価額

(ロ) 自用地としての価額×（1－残存期間に応じた割合※）

(ハ) (イ)か(ロ)のうち，いずれか少ない金額

※ 残存期間に応じた割合

残 存 期 間	割合
5 年以下	5 ％
5 年超10年以下	10％
10年超15年以下	15％
15年超	20％

④ 地上権の評価（相法23）

地上権（借地権又は区分地上権に該当するものを除く）とは，工作物又は竹木を所有するために他人の土地を使用する権利をいう。

> 自用地としての価額×残存期間に応じた割合※

※ 残存期間に応じた割合

残存期間	割合	残存期間	割合
10年以下	5 ％	35年超40年以下	60％
10年超15年以下	10％	40年超45年以下	70％
15年超20年以下	20％	45年超50年以下	80％
20年超25年以下	30％	50年超	90％
25年超30年以下	40％	存続期間の定めのないもの	40％
30年超35年以下	50％		

⑤ 区分地上権の評価（財基通27-4）

区分地上権は，地下にトンネルを所有する等土地の上下の一定層のみを目的として設定された地上権をいい，土地の上下のすべてについて効力が及ぶ地上権とは別のものとして評価される。

① 民法
② 他申告
③ 相続手続
④ 相続計算
⑤ 贈与税
⑥ 精算課税
⑦ 財産評価
⑧ 事業承継
⑨ 個人承継

> 自用地としての価額×区分地上権の割合[※1・2]

※1　公共用地の取得に伴う損失補償基準細則別記2に定める土地利用制限率。

※2　地下鉄等のずい道の所有を目的として設定した区分地上権を評価するときにおける区分地上権の割合は，100分の30とすることができる。

⑥　区分地上権に準ずる地役権の評価（財基通27-5）

特別高圧架空電線の架設等を目的として地下又は空間について上下の範囲を定めて設定されたもので，建造物の設置を制限するものをいう。

> 自用地としての価額×区分地上権に準ずる地役権の割合[※]

※　次の割合とすることができる。

制限の内容	割　　合
家屋の建築が全くできない場合	(a)　50% (b)　借地権であるとした場合の借地権割合 (c)　(a)か(b)のうち，いずれか高い割合
家屋の構造，用途等に制限を受ける場合	30%

⑦　地上権等の目的となっている宅地の評価（財基通25(3)～(5)）

区　　分	評　　価
地上権の目的となっている宅地	自用地としての価額－上記④により評価した地上権の価額
区分地上権の目的となっている宅地	自用地としての価額－上記⑤により評価した区分地上権の価額
区分地上権に準ずる地役権の目的となっている承役地である宅地	自用地としての価額－上記⑥により評価した区分地上権に準ずる地役権の価額

⑧　貸家建付地の評価（財基通26）

> 自用地としての価額×（1－借地権割合×借家権割合×賃貸割合[※]）

※　下記8 4参照　→ p.115

⑨　貸家建付借地権等の評価（財基通28）

> 借地権又は定期借地権等の価額×（1－借家権割合×賃貸割合）

⑩　転貸借地権の評価（財基通29）

> 借地権の価額－下記⑪により評価したその借地権に係る転借権の価額

⑪　転借権の評価（財基通30）

区　　分	評　　価
原則	借地権の価額×借地権割合…（A）
例外（貸家の敷地の用に供されている場合）	A×（1－借家権割合×賃貸割合）

⑫ 借家人の有する宅地等に対する権利の評価（財基通31）

イ 権利金等の取引慣行がある地域

区　　　分	評　　　価
借家の敷地である宅地又はその宅地に係る借地権に対する権利の場合	その貸家の敷地に係る借地権の価額 × 借家権割合 × 賃貸割合
借家の敷地である宅地に係る転借権に対する権利の場合	その貸家の敷地に係る転借権の価額 × 借家権割合 × 賃貸割合

ロ 権利金等の取引慣行がない地域

　評価しない。

3　農地・生産緑地

(1)　農地の評価 （財基通34，37〜40）

区　　分	評　　　価
純農地	倍率方式[※1] により評価
中間農地	倍率方式[※1] により評価
市街地周辺農地	市街地農地であるとした場合の価額 × 80%
市街地農地	宅地比準方式[※2] 又は倍率方式により評価

※1　固定資産税評価額 × 倍率

※2　$\left(\begin{array}{l} \text{その農地が宅地であるとした} \\ \text{場合の1㎡当たりの価額} \end{array} - \begin{array}{l} \text{国税局長の定める1㎡} \\ \text{当たりの造成費の額} \end{array} \right) × 地積$

(2)　生産緑地の評価 （財基通40-3）

生産緑地でないものとして評価した価額 ×（1 − 控除割合[※]）

※　控除割合（被相続人がその生産緑地に係る主たる従事者の場合は②に該当）

区　　　分	控　除　割　合	
	買取りの申出をすることができることとなる日までの期間	割合
① 買取りの申出ができないもの	5年以下	100分の10
	5年超　10年以下	100分の15
	10年超　15年以下	100分の20
	15年超　20年以下	100分の25
	20年超　25年以下	100分の30
	25年超　30年以下	100分の35
② 買取りの申出が行われていたもの（下記③を除く）又は買取りの申出をすることができるもの	100分の5	

③　買取りの申出をしてから3か月（旧生産緑地にあっては1か月）を経過しているもの	－

(3)　貸し付けられている農地の評価 （財基通41）

> 自用地としての価額－耕作権等の価額

(4)　耕作権の評価 （財基通42，別表一）

区　　　分	評　　　価
純農地，中間農地	上記(1)による評価額×50%
市街地周辺農地，市街地農地	その農地が転用される場合に通常支払われるべき離作料の額，その農地の付近にある宅地に係る借地権の価額等を参酌して求めた金額

(5)　永小作権の評価 （財基通43）

　存続期間の定めのない永小作権の価額は，存続期間を30年（別段の慣習があるときは，それによる）とみなし，地上権と同様（上記2(4)④参照）に評価する。 ➡ p.109

(6)　区分地上権の評価 （財基通43-2）

　上記2(4)⑤の評価を準用して評価する。 ➡ p.109

(7)　区分地上権に準ずる地役権の評価 （財基通43-3）

　上記2(4)⑥の評価を準用して評価する。 ➡ p.110

4　山林

(1)　山林の評価 （財基通45，47～49）

区　分	評　　　価
純山林・中間山林	倍率方式[※1]により評価
市街地山林	宅地比準方式[※2]又は倍率方式により評価

※1　固定資産税評価額×倍率

※2　$\left(\begin{array}{l}\text{その山林が宅地であるとした} \\ \text{場合の1㎡当たりの価額}\end{array} - \begin{array}{l}\text{国税局長の定める1㎡} \\ \text{当たりの造成費の額}\end{array}\right) ×\text{地積}$

　　　ただし，宅地転用が見込めないと認められる場合には，近隣の純山林の価額に比準して評価する。

(2)　保安林等 （財基通50）

　森林法等により土地の利用又は立木の伐採について制限を受けている山林（下記(3)により評価するものを除く）は，次により評価する。

> 上記(1)による評価額[※1]×（1－控除割合[※2]）

※1　倍率方式により評価すべき保安林は，その山林の付近にある山林につき上記(1)の評価額に比準して評価した価額

※2 控除割合

その山林の上に存する立木についての下記13 3 に定める割合 ➡ p.120

(3) 特別緑地保全地区内にある山林 (財基通50-2)

> 上記(1)による評価額×20%

5 原野 (財基通57〜58-3)

(1) 原野の評価

区　分	評　　価
純原野・中間原野	倍率方式※1 により評価
市街地原野	宅地比準方式※2 又は倍率方式により評価

※1 固定資産税評価額×倍率

※2 $\left(\begin{array}{l}\text{その原野が宅地であるとした}\\\text{場合の1㎡当たりの価額}\end{array}-\begin{array}{l}\text{国税局長の定める1㎡}\\\text{当たりの造成費の額}\end{array}\right)×\text{地積}$

(2) 特別緑地保全地区内にある原野 (財基通58-5)

> 上記(1)による評価額×20%

6 牧場 (財基通61)

牧場及び牧場の上に存する権利の価額は，原野の評価を準用して評価する。

7 池沼 (財基通62)

池沼及び池沼の上に存する権利の価額は，原野の評価を準用して評価する。

8 雑種地

(1) 評価方法 (財基通82)

区　分		評　　価
下記以外	路線価地域	$\left(\text{路線価}\pm\begin{array}{l}\text{位置・形状}\\\text{等の条件差}\end{array}-\begin{array}{l}\text{1㎡当たり}\\\text{の造成費}\end{array}\right)×\text{地積}$
	倍率地域	$\left(\begin{array}{l}\text{近傍宅地1㎡当たり}\\\text{の固定資産税評価額}\end{array}×\text{宅地の倍率}\pm\begin{array}{l}\text{位置・形状}\\\text{等の条件差}\end{array}-\begin{array}{l}\text{1㎡当たり}\\\text{の造成費}\end{array}\right)×\text{地積}$
雑種地の倍率が定められている地域		その雑種地の固定資産税評価額×雑種地の倍率

① 民法
② 他申告
③ 相続手続
④ 相続計算
⑤ 贈与税
⑥ 精算課税
⑦ 財産評価
⑧ 事業承継
⑨ 個人承継

※ 市街化調整区域に存する雑種地を評価する場合，又は付近の宅地の価額を基として評価する場合の斟酌割合は次のとおりとなる。

周囲（地域）の状況		比準地目	斟酌割合
弱 ↑ 市街化の影響度 ↓ 強	① 純農地，純山林，純原野	農地比準，山林比準，原野比準	
	② ①と③の地域の中間（周囲の状況により判定）	宅地比準	斟酌割合 50%
			斟酌割合 30%
	③ 店舗等の建築が可能な幹線道路沿いや市街化区域との境界付近	宅地価格と同等の取引実態が認められる地域（郊外型店舗が建ち並ぶ地域等）	斟酌割合 0%

(2) 貸し付けられている雑種地の評価 （財基通86）

自用地としての価額－賃借権又は地上権等の価額※

※ 賃借権の価額が次の金額を下回るときは，控除する金額は，次の金額となる。

区　分	控　除　額
地上権に準ずる権利として評価することが相当と認められる賃借権（賃借権の登記があるもの，設定の対価として権利金その他の一時金の授受のあるもの，堅固な構築物の所有を目的とするもの等）	自用地としての価額×次の割合 <table><tr><td>残存期間</td><td>割合</td></tr><tr><td>5年以下</td><td>100分の5</td></tr><tr><td>5年超10年以下</td><td>100分の10</td></tr><tr><td>10年超15年以下</td><td>100分の15</td></tr><tr><td>15年超</td><td>100分の20</td></tr></table>
上記以外の賃借権	自用地としての価額×上表の割合×$\frac{1}{2}$

(3) 賃借権の評価 （財基通87）

区　分		評　価
原則		賃貸借契約の内容，利用の状況等を勘案して評定した価額によって評価する
例外	地上権に準ずる権利として評価することが相当と認められる賃借権	自用地としての価額×次のうちいずれか低い割合 ◇ 地上権であるとした場合に適用される法定地上権割合※ ◇ 借地権であるとした場合に適用される借地権割合
	上記以外	自用地としての価額×法定地上権割合×1/2

※ その賃借権が地上権であるとした場合に適用される上記2(4)④に示す割合

➡ p.109

(4) 区分地上権の評価 (財基通87-2)

宅地に係る区分地上権の定めを準用して評価する。

(5) 区分地上権に準ずる地役権の評価 (財基通87-3)

宅地に係る区分地上権に準ずる地役権の定めを準用して評価する。

8 家屋及び家屋の上に存する権利

（棚卸資産に該当するものについては，下記15参照）

1 評価単位 (財基通88)

原則として，1棟の家屋ごとに評価する。

2 家屋の評価 (財基通89, 91)

区 分	評 価
通常	固定資産税評価額 × 1.0
建築中	その家屋の費用現価[※] × 70%

※ 課税時期までに建物に投下された建築費用の額を課税時期の価額に引き直した額の合計額

3 附属設備の評価 (財基通92)

区 分	例 示	評 価
構造上，家屋と一体	一定の電気設備，ガス設備，衛生設備，給排水設備，消火設備，昇降設備等	家屋の価額に含めて評価
門，塀等	門，塀，外井戸，屋外じんかい処理設備等	$\left(再建築価額 - \begin{array}{l}建築の時から課税時期ま\\での期間^{※1}の定率法に\\より計算した償却費の額\\の合計額又は減価の額\end{array}\right) \times 70\%$
庭園設備	庭木，庭石，あずまや，庭池等	調達価額^{※2} × 70%

※1 1年未満の端数は1年

※2 課税時期においてその財産をその財産の現況により取得する場合の価額

4 貸家の評価 (財基通93, 国税庁HP)

固定資産税評価額 ×（1 - 借家権割合（30%）× 賃貸割合[※]）

※ 貸家が構造上区分された各独立部分からなっている場合には，原則として，課税時期に実際に賃貸されている部分の床面積に基づき，次の算式により算定する。

$$賃貸割合 = \frac{分母のうち，課税時期に賃貸されている各独立部分の床面積の合計}{その家屋の各独立部分の床面積の合計}$$

① 民法　② 他申告　③ 相続手続　④ 相続計算　⑤ 贈与税　⑥ 精算課税　⑦ 財産評価　⑧ 事業承継　⑨ 個人承継

【賃貸アパート等で，一時的な空室がある場合の賃貸割合の計算】

　継続的に賃貸されてきたもので，課税時期に一時的に空室となっている各独立部分がある場合（次のような事実関係から総合的に判断）には，その各独立部分の床面積を，上記算式の分子に加えて賃貸割合を計算することができる。

　イ　各独立部分が課税時期前に継続的に賃貸されてきたものかどうか

　ロ　賃借人の退去後速やかに新たな賃借人の募集が行われたかどうか

　ハ　空室の期間，他の用途に供されていないかどうか

　ニ　空室の期間が課税時期の前後の例えば1か月程度である等一時的な期間であったかどうか

　ホ　課税時期後の賃貸が一時的なものではないかどうか

（出所）　国税庁HP　質疑応答事例

5　借家権の評価 （財基通94）

区　分	評　　　価
取引慣行のある地域	家屋の評価×借家権割合（30%）×賃借割合
取引慣行のない地域	評価しない

9　居住用の区分所有財産

1　対象外のもの （令5課評2-74）

◇　令和5年12月31日以前の相続・遺贈・贈与により取得したもの

◇　区分所有建物の登記がされていないもの（一棟所有のマンションなど）

◇　地下階を除く総階数が2以下のもの

◇　居住の用に供する専有部分の数が3以下で，そのすべてを区分所有者又はその親族の居住の用に供するもの（いわゆる二世帯住宅など）

◇　構造上，主として居住の用途に供することができるもの以外のもの（事業用のテナント物件など）

◇　たな卸商品等に該当するもの

◇　借地権付分譲マンションの敷地の用に供されている「貸宅地（底地)」など

2　居住用の区分所有財産の評価 （令5課評2-74）

区　分	評　価　（自用の場合[※1]）	
敷地利用権（土地部分）	自用地としての価額　第7部7.2(3)➡p.93	×区分所有補正率[※2]
区分所有権（家屋部分）	自用家屋としての価額　第7部8.2➡p.115	×区分所有補正率[※2]

※1　賃貸している場合は，上表により計算した敷地利用権の価額を「自用地としての価額」と，区分所有権の価額を「自用家屋としての価額」とみなし，貸家建付地（第7部7.2(4)⑧➡p.110）や貸家（第7部8.4➡p.115）の評価を行う。

※2　区分所有補正率

(1) 評価乖離率

$$A + B + C + D + 3.220$$

    A：築年数（1年未満は1年）×△0.033

    B：① 総階数（地下は除く）÷33（小数点以下第4位切捨て，1超の場合は1）

       ② ①×0.239（小数点以下第4位切捨て）

    C：所在階×0.018

    D：① 専有部分の面積

       ② 敷地の面積×敷地権（又は共有持分）の割合（小数点以下第3位切上げ）

       ③ ②÷①（小数点以下第4位切上げ）

       ④ ③×△1.195（小数点以下第4位切上げ）

(2) 評価水準

$$1 \div (1)$$

(3) 区分所有補正率

評価水準	区分所有補正率
(2) < 0.6	(1) × 0.6
0.6 ≦ (2) ≦ 1	補正なし
1 < (2)	(1)

10　配偶者居住権等 第1部15➡ p.13

1　建物等の評価

(1) 配偶者居住権（相法23の2①，22，相令5の7①②③，相規12の2～12の4，財基通89）

① 建物の自用評価額×（1－賃貸割合）×被相続人の持分割合

② ①× $\dfrac{\text{分母の年数} - \text{配偶者居住権の存続年数}^{※3}}{\text{耐用年数に準ずる年数}^{※1} - \text{築後経過年数}^{※2}}^{※4}$ × 配偶者居住権の存続年数に応じた法定利率による複利現価率$^{※5}$

③ 評価額
　上記①の額－上記②の額

※1　耐用年数に準ずる年数

建物の構造等		耐用年数に準ずる年数
木造又は合成樹脂造		33年
木骨モルタル造		30年
鉄骨鉄筋コンクリート造		71年
軽量鉄骨造	（骨格材の肉厚）	
	3mm以下	29年
	3mm超4mm以下	41年
	4mm超	51年

① 民 法　② 他 申 告　③ 相続手続　④ 相続計算　⑤ 贈 与 税　⑥ 精算課税　⑦ 財産評価　⑧ 事業承継　⑨ 個人承継

※2　6か月以上は1年とし，6か月未満は切捨て

※3　次の年数（6か月以上は1年とし，6か月未満は切捨て）

配偶者居住権の存続期間	配偶者居住権の存続年数
配偶者の終身の間	配偶者居住権の設定時における配偶者の平均余命（厚生労働省が作成する完全生命表における年齢・性別に応じたもの※5）
上記以外 （存続期間を定めた場合）	次のうちいずれか短い年数 （イ）　定めた存続期間 （ロ）　配偶者居住権の設定時における配偶者の平均余命

※4　分母又は分子が0以下の場合，②は0として計算

※5　（参考）女性の平均余命及び法定利率が3％の場合の複利現価率

年齢	平均余命（端数処理後）	法定利率が3％の場合の複利現価率
60	29	0.424
65	25	0.478
70	20	0.554
75	16	0.623
80	12	0.701
85	9	0.766
90	6	0.837

（厚生労働省「第23回生命表（完全生命表）」をもとに作成）

(2)　居住建物の所有権 （相法23の2②，22）

> 配偶者居住権が設定されていないものとした場合の建物の時価※ －上記(1)③の額

※　相続税法22条の時価（財産評価基本通達で評価したもの）をいう。すなわち，居住建物が被相続人の単独所有である店舗兼住宅（建物の一部が貸家）である場合には，「建物の固定資産税評価額×1.0×（1－借家権割合30％×賃貸割合）」により計算した金額となる （財基通89，93）。

2　土地等の評価

(1)　配偶者居住権に基づく敷地の利用権 （相法23の2③，相令5の7④）

①	土地の自用評価額×（1－賃貸割合）×　被相続人が有していた「居住建物の敷地の持分割合」と「居住建物の持分割合」のうちいずれか低い割合
②	①×　配偶者居住権の存続年数に応じた法定利率による複利現価率（上記1(1)※3・5参照）
③	評価額 　　上記①の額－上記②の額

(2) **配偶者居住権付建物の敷地の所有権** （相法23の2④）

> 配偶者居住権が設定されていないものとした場合の土地の時価[※] −上記(1)③の額

※ 相続税法22条の時価（財産評価基本通達で評価したもの）をいう。すなわち，居住建物が被相続人の単独所有である店舗兼住宅（土地の一部が貸家建付地）である場合には「土地の自用評価額×（1−借地権割合×借家権割合×賃貸割合）」により計算した金額となる（財基通26）。

11 構築物

1 **評価単位** （財基通96）

区分	評 価 単 位
原則	原則として，1個の構築物ごとに評価
例外	2個以上の構築物でそれらを分離した場合においては，それぞれの利用価値を著しく低下させると認められるものにあっては，それらを一括して評価

2 **構築物の評価** （財基通97）

$$\left(\text{再建築価額} - \begin{array}{l}\text{建築の時から課税時期までの期間}^{※}\text{の定率法に}\\ \text{より計算した償却費の額の割合額又は減価の額}\end{array} \right) \times 70\%$$

※ 1年未満の端数は1年

12 果樹等

1 **評価単位** （財基通98）

樹種ごとに，幼齢樹（成熟樹に達しない樹齢のもの）及び成熟樹（その収穫物による収支が均衡する程度の樹齢に達したもの）に区分し，それらの区分に応ずる樹齢ごとに評価する。

2 **果樹等の評価** （財基通99，110）

区分	評 価
原則	(1) 幼齢樹 $\dfrac{\text{植樹の時から課税時期までの期間に要した}}{\text{苗木代，肥料代，薬剤費等の現価の合計額}} \times 70\%$ (2) 成熟樹 $\left(\begin{array}{l}\text{植樹の時から成熟の時までの}\\ \text{期間に要した苗木代，肥料代，}\\ \text{薬剤費等の現価の合計額}\end{array} - \begin{array}{l}\text{成熟の時から課税時期ま}\\ \text{での期間}^{※}\text{の定額法によ}\\ \text{る償却費の額の合計額}\end{array} \right) \times 70\%$
例外	屋敷内にある果樹等及び畑の境界にある果樹等でその数量が少なく，かつ収益を目的として所有するものでないものについては，評価しない

※ 1年未満の端数は1年

① 民法 ② 他申告 ③ 相続手続 ④ 相続計算 ⑤ 贈与税 ⑥ 精算課税 ⑦ 財産評価 ⑧ 事業承継 ⑨ 個人承継

13 立竹木

1 評価単位 (財基通111)

次に掲げる区分に従い，それぞれ次に掲げる単位ごとに評価する。

所 在	評 価 単 位	
	① 立木	② 立竹
(1) 庭園	その庭園にある立竹木の全部	
(2) 森林	樹種及び樹齢を同じくする1団地の立木	1団地にある立竹
(3) 上記以外	1本の立木	

2 立竹木の評価 (財基通113, 117, 120, 122, 124, 125)

区 分			評 価※
庭園にある立木及び立竹			庭園設備と一括して，上記8 3により評価
森林にある立木	杉・檜	樹齢15年以上で，立木材積が明らかなもの	$1\text{ha当たり}の標準価額 \times \dfrac{立木材積}{標準立木材積} \times 地利級 \times \dfrac{地積}{(\text{ha})}$
		上記以外	$1\text{ha当たり}の標準価額 \times 地味級 \times 立木度 \times 地利級 \times \dfrac{地積}{(\text{ha})}$
	上記以外	標準価額の定めがある樹種	
		上記以外	売買実例価額，精通者意見価格等を参酌
庭園・森林以外にある立木，庭園以外にある立竹			

※ 相続又は遺贈（包括遺贈及び被相続人からの相続人に対する遺贈に限る）により
取得した立木につき，相続税の課税価格に算入する価額は，上表より計算した評価
額に85％を乗じた金額となる（相法26）。

3 保安林等の立木の評価 (財基通123, 123-2)

区 分	評価
森林法その他の法令に基づき伐採の禁止又は制限を受ける立木	立木の評価額×（1－控除割合） 〔控除割合〕一部皆伐 … 0.3，単木選伐 … 0.7，択伐 … 0.5，禁伐 … 0.8
特別緑地保全地区内にある立木	立木の評価額 ×20％

14　動産

1　評価単位 （財基通128）

区分	評　　　　　価
原則	1個又は1組ごとに評価
例外	家庭用動産，農耕用動産，旅館用動産等で1個又は1組の価額が5万円以下のものについては，それぞれ一括して一世帯，一農家，一旅館等ごとに評価することができる

2　一般動産の評価 （財基通129，130）

区分	評　　　　　価
原則	売買実例価額，精通者意見価格等を参酌
例外	売買実例価額，精通者意見価格等が明らかでない動産については，次の算式 $\left(\begin{array}{l}\text{同種及び同規格の新品の}\\\text{課税時期における小売価額}\end{array}\right) - \left(\begin{array}{l}\text{製造の時から課税時期までの期}\\\text{間}^{※}\text{の定率法により計算した償}\\\text{却費の額の合計額又は減価の額}\end{array}\right)$

※　1年未満の端数は1年

15　預貯金・貸付金債権等・受取手形

1　預貯金の評価 （財基通203）

区　　分		評　　　　　価
定期預金，定期郵便貯金，定額郵便貯金		$\text{預入高} + \begin{array}{l}\text{既経過利子}\\\text{の額(A)}\end{array} - \begin{array}{l}\text{Aに係る源泉}\\\text{徴収税額相当額}\end{array}$
上記以外（普通預金等）	下記以外	
	既経過利子の額が少額	預入高

2　貸付金債権等の評価 （財基通204，205）

(1)　原則

> 元本の額（返済されるべき金額）＋既経過利息の額

(2)　例外

　債権金額の全部又は一部につき，課税時期において次の①の事由が生じている場合には，次の②の金額は上記(1)の「元本の額（返済されるべき金額）」に算入しない。

① 民法　② 他申告　③ 相続手続　④ 相続計算　⑤ 贈与税　⑥ 精算課税　⑦ 財産評価　⑧ 事業承継　⑨ 個人承継

① 事　由	② 算入しない金額
債務者につき次の事実が発生している場合 イ　手形交換所等の取引停止処分を受けた ロ　更生手続開始・再生手続開始の決定があった ハ　特別清算開始命令・破産手続開始決定があった ニ　業績不振等のため，事業廃止又は6か月以上休業している	その債務者に対して有する貸付金債権等の金額（質権及び抵当権によって担保される部分を除く）
更生計画認可の決定，再生計画認可の決定，特別清算に係る協定の認可の決定又はいわゆる債権者集会の協議により，債権の切捨て，棚上げ，年賦償還等の決定があった場合	その決定等により切り捨てられる部分の金額＋次の金額 (イ)　据置期間が決定後5年超の場合…その債権の金額 (ロ)　割賦弁済される場合…課税時期から5年経過後に弁済される部分の金額
当事者間の契約により債権の切捨て，棚上げ，年賦償還等が行われた場合で，それが金融機関の斡旋に基づく等，真正に成立したものであるとき	
回収が不可能又は著しく困難と見込まれるとき	その見込まれる金額

3　受取手形の評価 (財基通206)

区　　分		評　　価
	支　払　期　限	
原則	到来済	券面額
	課税時期から6か月以内に到来	
	課税時期から6か月経過後に到来	課税時期に銀行等の金融機関で割引を行った場合に回収し得ると認める金額
例外（上記2(2)①の事由が生じている）		上記2(2)の取扱いを準用

16 棚卸商品等

1 評価単位 (財基通132)

下記 2 の区分に従い，種類及び品質等がおおむね同一のものごとに評価する。

2 棚卸商品等の評価 (財基通133)

区 分		評 価
原則	商品	販売価額－適正利潤の額－予定経費の額－消費税等の額
	原材料	仕入価額＋引取りに要する運賃の額＋その他の経費の額
	半製品・仕掛品	原材料の仕入価額＋引取りに要する運賃＋加工に要する加工費の額＋その他の経費の額
	製品・生産品	販売価額－適正利潤の額－予定経費の額－消費税等の額
例外（個々の価額を算定し難い場合）		所得税法又は法人税法に定める方法のうちその企業が所得金額の計算上選定している方法による

17 牛馬等

牛馬等（牛，馬，犬，鳥，魚等）の評価 (財基通134)

区 分	評 価
販売目的	上記16 2 により評価
上記以外	売買実例価額，精通者意見価格等を参酌

18 書画骨董品等

書画骨董品等の評価 (財基通135)

区 分	評 価
販売目的	上記16 2 により評価
上記以外	売買実例価額，精通者意見価格等を参酌

①民法 ②他申告 ③相続手続 ④相続計算 ⑤贈与税 ⑥精算課税 ⑦財産評価 ⑧事業承継 ⑨個人承継

19　船舶

船舶の評価（財基通136）

区分	評　　　　　価
原則	売買実例価額，精通者意見価格等を参酌
例外	売買実例価額，精通者意見価格等が明らかでない船舶については，次の算式 同種同型の船舶（同種同型がない場合は，最も類似する船舶）の課税時期における新造価額 － 建造の時から課税時期までの期間※の定率法により計算した償却費の額の合計額又は減価の額

※　1年未満の端数は1年

20　無体財産権

1　特許権等の評価 （財基通140，144〜148，154，154-2）

区　分		評　　　　　価
特許権	自ら特許発明を実施	その者の営業権の価額に含めて評価
	上記以外	将来受ける補償金の額※1の基準年利率による複利現価の額の合計額
実用新案権，意匠権，商標権		特許権に準じて評価
著作権		著作者別に次の算式により計算した金額。ただし，個々の著作物に係る著作権について評価する場合は，著作権ごとに計算した金額 年平均印税収入の額※2×0.5×評価倍率※3
出版権	出版業	営業権の価額に含めて評価
	上記以外	評価しない
著作隣接権		著作権に準じて評価

※1　課税時期後に取得すると見込まれる補償金の額の合計額が50万円に満たないと認められる場合は，評価しない
※2　課税時期の属する年の前年以前3年間の印税収入の年平均額
※3　課税時期後における各年の印税収入の額が「年平均印税収入の額」であるものとして，精通者意見等を基として推算したその印税収入期間に応ずる基準年利率による複利年金現価率

2 電話加入権の評価 (財基通128, 161)

売買実例価額，精通者意見価格等を参酌して評価する。なお，相続税等の申告に当たっては，一括して評価する家庭用動産等に含めることとして差し支えない。

3 営業権の評価 (財基通165, 166)

(1) 営業権の評価

① 超過利益金額

平均利益金額[※1] ×0.5－標準企業者報酬額[※3] －総資産価額[※4] ×0.05

② 営業権の価額

$$\dfrac{\text{超過利益金額}}{\text{(上記①)}} \times \dfrac{\text{営業権の持続年数（原則10年）に応ず}}{\text{る基準年利率による複利年金現価率}}$$

※1 次のうち，いずれか少ない金額をいう。

① 課税時期の属する年の前年以前3年間（法人の場合は，課税時期の直前期末以前3年間）における所得の金額[※2] の合計額 $\times \dfrac{1}{3}$

② 課税時期の属する年の前年（法人の場合は，課税時期の直前期末以前1年間）の所得の金額

※2 事業所得の金額（法人の場合は，所得金額+損金算入された繰越欠損金の額） $\pm$ 非経常的な損益の額 $+$ 支払利子の額 $+$ 社債発行差金の償却費の額 $+$ 青色事業専従者給与額又は事業専従者控除額（法人の場合は，損金算入された役員給与の額）

※3 平均利益金額に応じ，次の金額

平均利益金額	標準企業者報酬額
1億円以下	平均利益金額×0.3＋1,000万円
1億円超　3億円以下	平均利益金額×0.2＋2,000万円
3億円超　5億円以下	平均利益金額×0.1＋5,000万円
5億円超	平均利益金額×0.05＋7,500万円

※4 財産評価基本通達により評価した課税時期（法人の場合は，課税時期の直前事業年度の末日）における企業の総資産の価額

(2) 営業権がない場合

① 医師，弁護士等のようにその者の技術等を主とする事業に係る営業権で，その者の死亡と共に消滅するものは，評価しない。

② 平均利益金額が5,000万円以下の場合，営業権の価額はゼロとなる。

①民法

②他申告

③相続手続

④相続計算

⑤贈与税

⑥精算課税

⑦財産評価

⑧事業承継

⑨個人承継

21　ゴルフ会員権

ゴルフ会員権の評価　(財基通211)

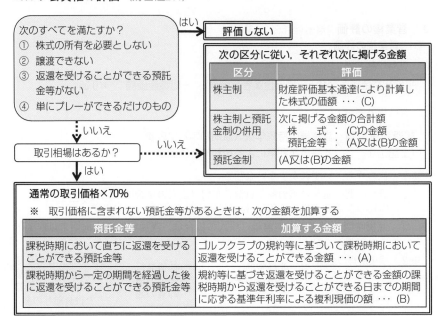

次のすべてを満たすか？
① 株式の所有を必要としない
② 譲渡できない
③ 返還を受けることができる預託金等がない
④ 単にプレーができるだけのもの

はい → 評価しない

いいえ ↓

取引相場はあるか？

いいえ →

はい ↓

区分	評価
株主制	財産評価基本通達により計算した株式の価額 … (C)
株主制と預託金制の併用	次に掲げる金額の合計額 株　　式 ： (C)の金額 預託金等 ： (A又は(B)の金額
預託金制	(A又は(B)の金額

次の区分に従い，それぞれ次に掲げる金額

通常の取引価格×70％

※ 取引価格に含まれない預託金等があるときは，次の金額を加算する

預託金等	加算する金額
課税時期において直ちに返還を受けることができる預託金等	ゴルフクラブの規約等に基づいて課税時期において返還を受けることができる金額 … (A)
課税時期から一定の期間を経過した後に返還を受けることができる預託金等	規約等に基づき返還を受けることができる金額の課税時期から返還を受けることができる日までの期間に応ずる基準年利率による複利現価の額 … (B)

22　株式及び出資

1　評価単位　(財基通168)

銘柄ごとに，下記2～10の区分に従い，その1株又は1個ごとに評価する。

2　上場株式

(1)　上場株式の評価　(財基通169)

区　分	評　　価
原則 （下記以外）	次のうち，最も低い価額 ① 課税時期の最終価格 ② 課税時期の属する月の毎日の最終価格の平均額 ③ 課税時期の属する月の前月の毎日の最終価格の平均額 ④ 課税時期の属する月の前々月の毎日の最終価格の平均額
負担付贈与又は個人間の対価を伴う取引により取得したもの	課税時期の最終価格

※ 国内の2以上の金融商品取引所に上場されている株式は，納税義務者が選択した

金融商品取引所の価格にて評価する。

(2) 課税時期の最終価格の特例 （財基通170，171）

課税時期の事情	課税時期の最終価格
課税時期が権利落又は配当落（以下「権利落等」）の日から株式の割当て，株式の無償交付又は配当金交付（以下「株式の割当て等」）の基準日（以下「基準日」）までの間にある場合	権利落等の日の前日以前の最終価格のうち，課税時期に最も近い日の最終価格
課税時期に最終価格がない場合 ／ 下記以外	課税時期の前日以前の最終価格又は翌日以後の最終価格のうち，課税時期に最も近い日の最終価格（その最終価格が2ある場合にはその平均額）…A
課税時期に最終価格がない場合 ／ 課税時期が権利落等の日の前日以前，かつ，次のいずれかの場合 ① Aが権利落等の日以後のもののみである ② Aが権利落等の日の前日以前のものと権利落等の日以後のものとの2ある場合	課税時期の前日以前の最終価格のうち，課税時期に最も近い日の最終価格
課税時期に最終価格がない場合 ／ 課税時期が基準日の翌日以後，かつ，次のいずれかの場合 ① Aがその基準日に係る権利落等の日の前日以前のもののみである場合 ② Aが権利落等の日の前日以前のものと権利落等の日以後のものとの2ある場合	課税時期の翌日以後の最終価格のうち，課税時期に最も近い日の最終価格

(3) 月平均額の特例 （財基通172）

課税時期の属する月以前3か月間に権利落がある場合における最終価格の月平均額は次による（配当落の場合は，本特例の適用はなし）。

課税時期		特例の対象となる月平均額	「最終価格の月平均額」となるもの
基準日以前	下記以外	権利落の日が属する月の最終価格の月平均額	その月の初日からその権利落の日の前日までの毎日の最終価格の平均額
	権利落の日が課税時期の属する月の初日以前	課税時期の属する月の最終価格の月平均額	次の算式で計算した金額 $\left(\text{課税時期の属する月の最終価格の月平均額} \times \left[1 + \dfrac{\text{株式1株に対する割当株式数又は交付株式数}}{}\right] - \text{割当てを受けた株式1株につき払い込むべき金額} \times \text{株式1株に対する割当株式数}\right)$

	権利落の日が属する月の最終価格の月平均額	その権利落の日からその月の末日までの毎日の最終価格の平均額
基準日の翌日以後	権利落の日が属する月の前月以前の各月の最終価格の月平均額	次の算式で計算した金額 $$\dfrac{その月の最終価格の月平均額 - 1株につき払い込むべき金額 \times \dfrac{割当てを受けた株式1株につき払い込むべき金額}{1株につき払い込むべき金額}}{1 + 株式1株に対する割当株式数又は交付株式数}$$

3 気配相場等のある株式 (財基通174〜177-2)

(1) 登録銘柄及び店頭管理銘柄の評価

区　　分	評　　　価
原則 （下記以外）	次のうち，最も低い価額 ① 課税時期の取引価格 ② 課税時期の属する月の毎日の取引価格の平均額 ③ 課税時期の属する月の前月の毎日の取引価格の平均額 ④ 課税時期の属する月の前々月の毎日の取引価格の平均額
負担付贈与又は個人間の対価を伴う取引により取得したもの	課税時期の取引価格

※1 取引価格とは，日本証券業協会の公表するものをいい，取引価格に高値と安値がある場合は，その平均額による。

※2 課税時期に取引価格がない場合や，その株式に権利落等がある場合は，一定の修正が必要となる。

(2) 公開途上にある株式の評価

区　　分	評　　　価
株式の上場又は登録に際し，株式の公募又は売出しが行われるもの	公開価格
上記以外	課税時期以前の取引価格等を勘案して評価

4 取引相場のない株式

(1) 取引相場のない株式の評価体系・(財基通179, 188, 189-2〜189-6)

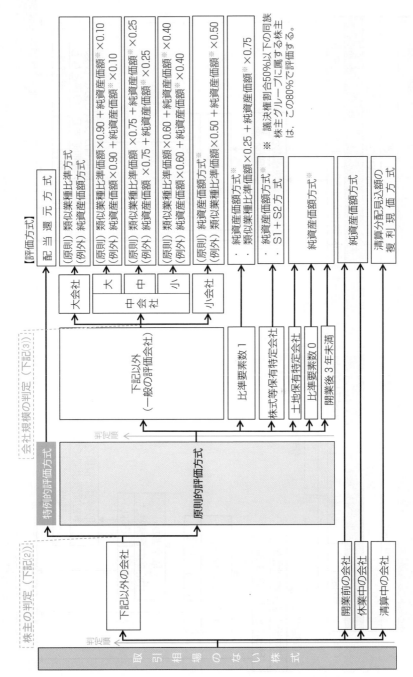

① 民法
② 他申告
③ 相続手続
④ 相続計算
⑤ 贈与税
⑥ 精算課税
⑦ 財産評価
⑧ 事業承継
⑨ 個人承継

(2) **株主の判定**（財基通188, 188-3, 188-4, 188-5）

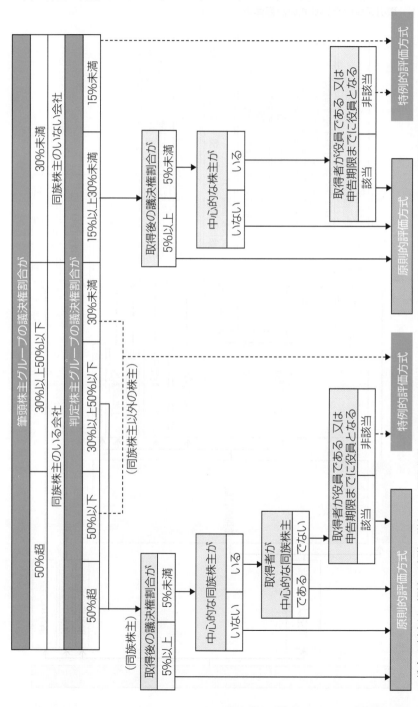

※株主の判定は、相続・遺贈・贈与による取得後の議決権割合をもとに、かつ自己株式及びいわゆる完全無議決権株式を除外して行う。

① 同族株主 （財基通188(1)）

　課税時期において，株主の１人及びその同族関係者の有する議決権の合計数がその会社の議決権総数の30％以上（その評価会社の株主のうち，株主の１人及びその同族関係者の有する議決権の合計数が最も多いグループの有する議決権の合計数が，その会社の議決権総数の50％超である会社にあっては，50％超）である場合におけるその株主及びその同族関係者。

　　⇒　グループ判定

② 同族関係者 （法令４）

　特殊関係のある次の個人又は法人をいう。

特殊関係のある個人	特殊関係のある法人
イ　株主等の親族 ロ　株主等と事実上婚姻関係と同様の事情にある者 ハ　株主等（個人）の使用人 ニ　株主等（個人）から受ける金銭等により生計維持している者 ホ　上記ロ～ニの者の生計一親族	イ　株主等の１人（個人の場合は，その１人及びその者と特殊関係のある個人。以下同じ）が支配している[※]会社 ロ　株主等の１人及び上記イの会社が支配している[※]会社 ハ　株主等の１人及び上記イ・ロの会社が支配している[※]会社

※　発行済株式総数又は出資総額の50％超を有する場合等をいう。

③ 中心的な同族株主 （財基通188(2)）

　課税時期において，同族株主の１人並びにその株主の配偶者，直系血族，兄弟姉妹及び１親等の姻族（これらの者の同族関係者である会社のうち，これらの者が有する議決権の合計数がその会社の議決権総数の25％以上である会社を含む）の有する議決権の合計数がその会社の議決権総数の25％以上である場合におけるその株主をいう。

　　⇒　個別判定

④ 中心的な株主 （財基通188(4)）

　課税時期において，株主の１人及びその同族関係者の有する議決権の合計数がその会社の議決権総数の15％以上である株主グループのうち，いずれかのグループに単独でその会社の議決権総数の10％以上の議決権を有している株主がいる場合におけるその株主をいう。

　　⇒　個別判定

⑤ 役員 （財基通188(2)）

　株主判定における「役員」とは，社長，理事長，代表取締役，代表執行役，代表理事及び清算人，副社長，専務，常務その他これらに準ずる職制上の地位を有する役員，取締役（指名委員会等設置会社の取締役及び監査等委員である取締役に限る），会計参与及び監査役並びに監事をいう。

(3) 会社規模の判定 （財基通178）

① 直前期末以前１年間の従業員数が70人以上の会社は，大会社となる。

② それ以外の会社については，その業種に応じ，次表により，総資産価額と従業員数とのいずれか下位と，取引金額とのいずれか上位の区分により判定する。

① 民法
② 他申告
③ 相続手続
④ 相続計算
⑤ 贈与税
⑥ 精算課税
⑦ 財産評価
⑧ 事業承継
⑨ 個人承継

直前期末の総資産価額（帳簿価額）			直前期末以前1年間の従業員数	直前期末以前1年間の取引金額			会社規模判定
卸売業	小売・サービス業	その他		卸売業	小売・サービス業	その他	
20億円以上	15億円以上	15億円以上	35人超	30億円以上	20億円以上	15億円以上	大会社
4億円以上 20億円未満	5億円以上 15億円未満	5億円以上 15億円未満	35人超	7億円以上 30億円未満	5億円以上 20億円未満	4億円以上 15億円未満	中会社(大) L=0.90
2億円以上 4億円未満	2.5億円以上 5億円未満	2.5億円以上 5億円未満	20人超 35人以下	3.5億円以上 7億円未満	2.5億円以上 5億円未満	2億円以上 4億円未満	中会社(中) L=0.75
7千万円以上 2億円未満	4千万円以上 2.5億円未満	5千万円以上 2.5億円未満	5人超 20人以下	2億円以上 3.5億円未満	6千万円以上 2.5億円未満	8千万円以上 2億円未満	中会社(小) L=0.60
7千万円未満	4千万円未満	5千万円未満	5人以下	2億円未満	6千万円未満	8千万円未満	小会社

③ 業種

　直前期末以前1年間の取引金額に基づき判定し，2以上の業種に係る取引金額がある場合には，それらのうち最も多い取引金額に係る業種により判定する。

④ 総資産価額（帳簿価額）

イ　減価償却累計額…控除する

ロ　貸倒引当金…控除しない

ハ　確定決算上の資産として計上されている資産（例：前払費用，繰延資産，税効果会計の適用による繰延税金資産等）…帳簿価額の合計額に含める

ニ　圧縮記帳引当金，圧縮記帳積立金，圧縮特別勘定…控除しない

⑤ 従業員数

　直前期末以前1年間における勤務状況に応じ，次のイ＋ロの数をいう。

イ　継続勤務従業員

　課税時期の直前期末以前1年間を通じてその期間継続して評価会社に勤務していた従業員で，かつ，就業規則等で定められた1週間当たりの労働時間が30時間以上である従業員の数（1人につき1とカウント）

ロ　上記イ以外の従業員

　1年間の労働時間の合計時間数÷1,800時間

◇　従業員とは
　　評価会社との雇用契約に基づき使用される個人で賃金が支払われる者
◇　従業員に含めない者
　　社長，理事長，代表取締役，代表執行役，代表理事及び清算人，副社長，専務，常務その他これらに準ずる職制上の地位を有する役員，取締役（指名委員会等設置会社の取締役及び監査等委員である取締役に限る），会計参与及び監査役並びに監事
◇　出向中の者
　　出向元との雇用関係が解消され，出向先で雇用されている場合には，出向先の従業員としてカウントする
◇　人材派遣会社より派遣されている者

〔派遣元事業所〕

派遣元における雇用関係等				派遣元における従業員数基準の判定
派遣時以外		派遣時		
雇用関係	賃金の支払い	雇用関係	賃金の支払い	
なし	なし	あり	あり	「継続勤務従業員以外の従業員」
あり	あり	あり	あり	「継続勤務従業員」

〔派遣先事業所〕
　勤務実態に応じて判定

⑥　取引金額
　　直前期末以前1年間における評価会社の目的とする事業に係る収入金額。
(4)　類似業種比準方式 (財基通180, 183)
①　類似業種比準価額

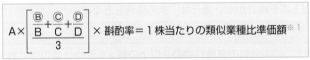

※1　1株当たりの資本金等の額が50円以外の場合は，1株当たりの資本金等の額の
　　50円に対する倍数を乗じて計算。

	計　算　要　素	
A	類似業種※2の株価	次の株価のうち，最も低いものの額 イ課税時期の属する月　ロ課税時期の属する月の前月 ハ課税時期の属する月の前々月　ニ前年平均株価 ホ課税時期の属する月以前2年間の平均株価
B	課税時期の属する年の類似業種の1株当たりの配当金額	
C	課税時期の属する年の類似業種の1株当たりの年利益金額	
D	課税時期の属する年の類似業種の1株当たりの純資産価額	
Ⓑ	評価会社の1株当たりの配当金額	直前期末以前2年間の剰余金の配当金額（特別配当等を除く）の合計額×1/2÷直前期末における発行済株式数（1株当たりの資本金等の額を50円として計算したもの。以下，ⒸⒹにおいて同じ）
Ⓒ	評価会社の1株当たりの利益金額	次のうち，いずれか少ない金額 イ直前期末以前1年間の法人税の課税所得金額（非経常的な利益を除く）＋受取配当等の益金不算入額（所得税額相当額を除く）＋損金算入された繰越欠損金の控除額（マイナスの場合は0）÷直前期末に

①民法
②他申告
③相続手続
④相続計算
⑤贈与税
⑥精算課税
⑦財産評価
⑧事業承継
⑨個人承継

		おける発行済株式数 ロ直前期末以前2年間の各事業年度について上記に準じて計算した金額の合計額（マイナスの場合は0） ×1/2÷直前期末における発行済株式数
Ⓓ	評価会社の1株当たりの純資産価額（帳簿価額ベース）	次のうち，いずれか少ない金額 イ（直前期末における資本金等の額＋利益積立金額）÷直前期末における発行済株式数 ロ直前期末以前2年間の各事業年度について上記に準じて計算した金額の合計額（マイナスの場合は0） ×1/2÷直前期末における発行済株式数

斟酌率：大会社「0.7」，中会社「0.6」，小会社「0.5」

※2　評価会社の事業が該当する業種目と類似業種（財基通181，181-2）

　　評価会社の業種目は，直前期末以前1年間における取引金額に基づき判定し，2以上の業種目に係る取引金額がある場合は，取引金額全体のうちに占める業種目別の取引金額の割合（以下「業種目別の割合」）が50％を超える業種目となり，その割合が50％を超える業種目がない場合は，次の業種目となる。

区　　　　　分	業種目
評価会社の事業が1つの中分類の業種目中の2以上の類似する小分類の業種目に属し，それらの業種目別の割合の合計が50％を超える場合	その中分類の中にある類似する小分類の「その他の○○業」
評価会社の事業が1つの中分類の業種目中の2以上の類似しない小分類の業種目に属し，それらの業種目別の割合の合計が50％を超える場合（上記に該当する場合を除く）	その中分類の業種目
評価会社の事業が1つの大分類の業種目中の2以上の類似する中分類の業種目に属し，それらの業種目別の割合の合計が50％を超える場合	その大分類の中にある類似する中分類の「その他の○○業」
評価会社の事業が1つの大分類の業種目中の2以上の類似しない中分類の業種目に属し，それらの業種目別の割合の合計が50％を超える場合（上記に該当する場合を除く）	その大分類の業種目
上記のいずれにも該当しない場合	大分類の業種目の中の「その他の産業」

上記により判定した業種目の区分に応じた類似業種は次のとおり。

業種目の区分	類 似 業 種
小分類に区分されているもの	・小分類による業種目 ・その業種目の属する中分類の業種目
中分類に区分されているもの	・中分類の業種目 ・その業種目の属する大分類の業種目
大分類に区分されているもの	・大分類の業種目

② 類似業種比準価額の修正 （財基通184）

評価会社の株式が次の事由に該当するときは，次の修正を行う。

事由	類似業種比準価額の修正
直前期末の翌日から課税時期までの間に配当金交付の効力が発生した場合	上記①により _ 1株当たりの 計算した価額　配当金額
直前期末の翌日から課税時期までの間に株式の割当て等の効力が発生した場合	$\dfrac{上記①により \\ 計算した価額 - 割当1株当たり \\ の払込金額 \times 1株当たりの \\ 割当株式数}{1 + 1株当たりの割当株式数又は交付株式数}$

① 民 法　② 他 申 告　③ 相続手続　④ 相続計算　⑤ 贈 与 税　⑥ 精算課税　⑦ 財産評価　⑧ 事業承継　⑨ 個人承継

（参考）類似業種比準価額等の計算明細書

第4表 類似業種比準価額等の計算明細書

会社名

（取引相場のない株式（出資）の評価明細書）

1．1株当たりの資本金等の額等の計算

	直前期末の資本金等の額	直前期末の発行済株式数	直前期末の自己株式数	1株当たりの資本金等の額（①÷（②−③））	1株当たりの資本金等の額を50円とした場合の発行済株式数（①÷50円）
	① 千円	② 株	③ 株	④ 円	⑤ 株

2．比準要素等の金額の計算

1株(50円)当たりの年配当金額

直前期末以前2（3）年間の年平均配当金額

事業年度	⑥年配当金額	⑦左のうち非経常的な配当金額	⑧差引経常的な年配当金額（⑥−⑦）	年平均配当金額
直前期	千円	千円	⑦ 千円	⑨(⑦+⑪)÷2 千円
直前々期	千円	千円	⑫ 千円	⑩(⑫+⑥)÷2 千円
直前々期の前期	千円	千円	⑥ 千円	

比準要素数1の会社・比準要素数0の会社の判定要素の金額
⑨／⑤　Ⓑ₁ 円 銭 0
⑩／⑤　Ⓑ₂ 円 銭 0

1株(50円)当たりの年配当金額
Ⓑ（⑨/⑤）の金額 円 銭

1株(50円)当たりの年利益金額

直前期末以前2（3）年間の利益金額

事業年度	⑪法人税の課税所得金額	⑫非経常的な利益金額	⑬受取配当等の益金不算入額	⑭左の所得税額	⑮損金算入した繰越欠損金の控除額	⑯差引利益金額（⑪−⑫+⑬−⑭+⑮）
直前期	千円	千円	千円	千円	千円	Ⓒ 千円
直前々期	千円	千円	千円	千円	千円	Ⓓ 千円
直前々期の前期	千円	千円	千円	千円	千円	

比準要素数1の会社・比準要素数0の会社の判定要素の金額
Ⓒ又は（Ⓒ+Ⓓ）÷2／⑤　Ⓒ
Ⓒ又は（Ⓒ+Ⓓ）÷2／⑤　Ⓒ

1株(50円)当たりの年利益金額
Ⓒ又は（Ⓒ+Ⓓ）÷2 の金額

1株(50円)当たりの純資産価額

直前期末（直前々期末）の純資産価額

事業年度	⑰資本金等の額	⑱利益積立金額	⑲純資産価額（⑰+⑱）
直前期	千円	千円	Ⓑ 千円
直前々期	千円	千円	Ⓓ 千円

比準要素数1の会社・比準要素数0の会社の判定要素の金額
Ⓓ／⑤　Ⓓ

1株(50円)当たりの純資産価額
Ⓓ（Ⓓ/⑤）の金額

3．類似業種比準価額の計算

	類似業種と業種番号 (No.)	区分	1株(50円)当たりの年配当金額	1株(50円)当たりの年利益金額	1株(50円)当たりの純資産価額	1株(50円)当たりの比準価額
1株(50円)当たりの株価	課税時期の属する月　月 ⑦ 円	評価会社	Ⓑ 円 銭 0	Ⓒ 円	Ⓓ 円	⑳×㉑×0.7 ※中会社は0.6 小会社は0.5 とします。
	課税時期の属する月の前月　月 ⑧ 円	類似業種 B	円 銭	C 円	D 円	
	課税時期の属する月の前々月　月 ⑨ 円	要素別比準割合	Ⓑ/B	Ⓒ/C	Ⓓ/D	
	前年平均株価 ⑩ 円					
	課税時期の属する月以前2年間の平均株価 ⑪ 円	比準割合	(Ⓑ/B + Ⓒ/C + Ⓓ/D)÷3 = ㉑			㉒ 円 銭 0
	A ⑦,⑧,⑨,⑩及び⑪のうち最も低いもの ⑳ 円					

	類似業種と業種番号 (No.)	区分	1株(50円)当たりの年配当金額	1株(50円)当たりの年利益金額	1株(50円)当たりの純資産価額	1株(50円)当たりの比準価額
1株(50円)当たりの株価	課税時期の属する月　月 ㉓ 円	評価会社	Ⓑ 円 銭 0	Ⓒ 円	Ⓓ 円	㉒×㉓×0.7 ※中会社は0.6 小会社は0.5 とします。
	課税時期の属する月の前月　月 ㉔ 円	類似業種 B	円 銭	C 円	D 円	
	課税時期の属する月の前々月　月 ㉕ 円	要素別比準割合	Ⓑ/B	Ⓒ/C	Ⓓ/D	
	前年平均株価 ㉖ 円					
	課税時期の属する月以前2年間の平均株価 ㉗ 円	比準割合	(Ⓑ/B + Ⓒ/C + Ⓓ/D)÷3 = ㉔			㉕ 円 銭 0
	A ㉓,㉔,㉕,㉖及び㉗のうち最も低いもの ㉜ 円					

1株当たりの比準価額

比準価額（㉒と㉕とのいずれか低い方の金額）× ④の金額／50円 = ㉖ 円

比準価額の修正

直前期末の翌日から課税時期までの間に配当金交付の効力が発生した場合	比準価額（㉖の金額） − 1株当たりの配当金額 円 銭	修正比準価額 ㉗ 円
直前期末の翌日から課税時期までの間に株式の割当て等の効力が発生した場合	比準価額（㉖（㉗があるときは㉗）の金額）+ 割当株式1株当たりの払込金額 円 銭 × 1株当たりの割当株式数 株 ÷（1株 + 1株当たりの割当株式数又は交付株式数 株）	修正比準価額 ㉘ 円

(5) 純資産価額方式

① 純資産価額 (財基通185, 186-2)

$$\frac{\text{資産の「相続税評価額」の合計額} - \text{負債の「相続税評価額」の合計額} - \text{評価差額に対する法人税額等相当額}^{※1}}{\text{発行済株式数} - \text{自己株式数}} = \text{1株当たりの純資産価額}^{※2}$$

※1 $\left[\begin{array}{c}\text{「相続税評価額」}\\\text{による純資産価額}\end{array} - \begin{array}{c}\text{「帳簿価額」に}\\\text{よる純資産価額}\end{array} - \begin{array}{c}\text{現物出資等受}\\\text{入れ差額}^{※3}\end{array}\right] \times 37\%$
（マイナスの場合は0）

※2 議決権割合50%以下の同族株主グループに属する株主の，上記(1)のフローチャート中※印を付した純資産価額については，上記算式の80%で評価する。

※3 現物出資等受入れ差額とは，次のものをいう。

◇ $\begin{array}{c}\text{現物出資・合併により著しく低い価額で}\\\text{受け入れた資産の受入時の相続税評価額}\end{array} - \text{帳簿価額}$

◇ $\begin{array}{c}\text{株式交換・株式移転により著しく低い価額}\\\text{で受け入れた株式の受入時の相続税評価額}\end{array} - \text{帳簿価額}$

　なお，課税時期における相続税評価額による総資産価額に占める現物出資等受入れ資産の価額の合計額の割合が20%以下である場合は考慮しない。また，「著しく低い価額」については，形式的な基準等はなく，実質的に個々の取引ごとに個別判定する。

② 「純資産価額の計算明細書」作成上の主な留意点等

〔評価時点〕

区　分	資産・負債
原則	「相続税評価額」も「帳簿価額」も課税時期における各資産及び各負債の金額による。
例外 （仮決算を行わず，課税時期における資産及び負債の金額が明確でない場合）	直前期末から課税時期までの間に資産及び負債について著しく増減がないため評価額の計算に影響が少ないと認められるときは，次により計算することができる。 ・「相続税評価額」…直前期末の資産及び負債の課税時期の相続税評価額 ・「帳簿価額」…直前期末の資産及び負債の帳簿価額

①民法　②他申告　③相続手続　④相続計算　⑤贈与税　⑥精算課税　⑦財産評価　⑧事業承継　⑨個人承継

〔資産の部の主な留意点〕(財基通185，186-3)

◇ 「相続税評価額」欄には，財産評価基本通達の定めにより評価した各資産の価額（相続税評価額）を記載する。

◇ 「帳簿価額」欄には，「相続税評価額」欄に評価額が記載された各資産の課税時期における税務計算上の帳簿価額を記載する。

科　目	主 な 留 意 点
有価証券	取引相場のない株式や出資を純資産価額（相続税評価額）で評価する場合は，評価差額に対する法人税額等相当額の控除を行わずに計算した金額を「相続税評価額」として記載する。
前払費用	前払費用のうち資産性のないものは，「相続税評価額」「帳簿価額」ともに記載しない。
未収保険金	被相続人の死亡により評価会社が生命保険金を取得する場合には，その生命保険金請求権の金額を「相続税評価額」「帳簿価額」のいずれにも記載する。
保険積立金	上記「未収保険金」につき資産計上されている保険料や掛金があれば，「相続税評価額」「帳簿価額」から除外する。
建物 建物附属設備 構築物 土地 借地権	課税時期前3年以内に取得又は新築等をしたものの「相続税評価額」は，課税時期における通常の取引価額に相当する金額（帳簿価額が課税時期における通常の取引価額に相当すると認められる場合は，帳簿価額）を記載する。
減価償却累計額	対応する資産の帳簿価額から税務上の減価償却累計額を控除した金額が，その資産の「帳簿価額」となる。
創立費 開業費 新株発行費	「相続税評価額」「帳簿価額」ともに記載しない。
営業権	帳簿価額がなかったとしても相続税評価額が算出される場合には，その評価額を「相続税評価額」に記載し，「帳簿価額」は「0」を記載する。また，帳簿価額があったとしても，相続税評価額が算出されない場合は，「相続税評価額」は「0」を記載し，その帳簿価額を「帳簿価額」欄に記載する。
特許権	営業権に含めて評価することとなる特許権の帳簿価額は，営業権の「帳簿価額」に含めて記載する。
繰延資産 繰延税金資産	「相続税評価額」「帳簿価額」ともに記載しない。

〔負債の部の主な留意点〕（財基通186）

◇ 「相続税評価額」欄には，各負債の金額を記載する。

◇ 「帳簿価額」欄には，「相続税評価額」欄に評価額が記載された各負債の税務計算上の帳簿価額を記載する。

科　目	主な留意点
貸倒引当金	「相続税評価額」「帳簿価額」ともに記載しない。
納税引当金	
退職給与引当金	
その他の引当金・準備金・積立金	「相続税評価額」「帳簿価額」ともに記載しない。 （固定資産に係る特別償却準備金及び圧縮記帳に係る引当金又は積立金は，それらの税務上の金額をそれぞれの引当金等に対応する資産の帳簿価額から控除した金額がその固定資産の「帳簿価額」となる）
未払配当金	仮決算を行わずに評価する場合には，直前期末日後から課税時期までに確定した剰余金の配当等の金額を「相続税評価額」「帳簿価額」のいずれにも記載する。
未納公租公課 未払利息等	課税時期における未払額を「相続税評価額」「帳簿価額」のいずれにも記載する。
未納固定資産税・都市計画税	課税時期以前に賦課期日のあったものの未納額を，「相続税評価額」「帳簿価額」のいずれにも記載する。
未払退職金等	被相続人の死亡により，相続人その他の者に支給することが確定した退職手当金，功労金その他これらに準ずる給与を，「相続税評価額」「帳簿価額」のいずれにも記載する。
未払法人税・住民税・事業税 未払消費税等	仮決算を行っている場合には，課税時期の属する事業年度に係る税額のうち，事業年度開始の日から課税時期までの期間に対応するものの未払額を，「相続税評価額」「帳簿価額」のいずれにも記載する。また，仮決算を行わず直前期末の資産及び負債をもとに評価する場合には，直前期に係る実際の未納税額を記載する。
保険差益に係る法人税額等	仮決算を行わない場合には，次の金額を「相続税評価額」「帳簿価額」のいずれにも記載する。 （受け取った生命保険金の額 － その生命保険金につき資産に計上されている保険料・掛金 － その生命保険金を原資として支払った被相続人に係る死亡退職金）×37%
繰延税金負債	「相続税評価額」「帳簿価額」ともに記載しない。

（参考）純資産価額の計算明細書

第5表　1株当たりの純資産価額（相続税評価額）の計算明細書　　会社名 _____

（令和六年一月一日以降用）

（取引相場のない株式（出資）の評価明細書）

1. 資産及び負債の金額（課税時期現在）

資　産　の　部				負　債　の　部			
科　　目	相続税評価額	帳簿価額	備考	科　　目	相続税評価額	帳簿価額	備考
	千円	千円			千円	千円	
合　　計	①	②		合　　計	③	④	
株式等の価額の合計額	㋑	㋺					
土地等の価額の合計額	㋩						
現物出資等受入れ資産の価額の合計額	㋥	㋭					

2. 評価差額に対する法人税額等相当額の計算			3. 1株当たりの純資産価額の計算		
相続税評価額による純資産価額　（①－③）	⑤	千円	課税時期現在の純資産価額（相続税評価額）　（⑤－⑧）	⑨	千円
帳簿価額による純資産価額（（②＋㋭－㋥）－④）、マイナスの場合は0）	⑥	千円	課税時期現在の発行済株式数（（第1表の1の①）－自己株式数）	⑩	株
評価差額に相当する金額（⑤－⑥、マイナスの場合は0）	⑦	千円	課税時期現在の1株当たりの純資産価額（相続税評価額）　（⑨÷⑩）	⑪	円
評価差額に対する法人税額等相当額（⑦×37%）	⑧	千円	同族株主等の議決権割合（第1表の1の⑤の割合）が50%以下の場合　（⑪×80%）	⑫	円

(6) **株式の割当てを受ける権利等の発生している株式の価額の修正** （財基通187, 189-7）

　一般の評価会社又は特定の評価会社（清算中の会社を除く）の評価をした場合において，その株式が次の事由に該当するときは，その評価額につき次の修正を行う。

事由	評価額の修正
配当期待権が発生している場合	上記(1)により計算した価額 － 1株当たりの配当金額
株式の割当てを受ける権利，株主となる権利又は株式無償交付期待権が発生している場合	$\dfrac{上記(1)により計算した価額 ＋ 割当1株当たりの払込金額 × 1株当たりの割当株式数}{1 ＋ 1株当たりの割当株式数又は交付株式数}$

(7) **特定の評価会社** （財基通189）

　次の①～⑥の会社は，特定の評価会社として，一般の評価会社とは異なる評価を行う（それぞれに適用される評価方式については，上記(1)の【評価方式】を参照）。

① 比準要素数1の会社

　類似業種比準価額の計算上，比準3要素のいずれか2要素が0，かつ，直前々期末を基準にして計算した場合のいずれか2要素以上が0の会社をいう。

② 株式等保有特定会社

会社規模	判定基準
問わない	$\dfrac{株式，出資及び新株予約権付社債の価額（相続税評価額）}{総資産価額（相続税評価額）} \geqq 50\%$

※　課税時期前に合理的な理由なく評価会社の資産構成に変動があり，その変動が株式等保有特定会社と判定されることを免れるためのものと認められるときは，その変動はなかったものとして判定を行う（下記③も同様）。

③ 土地保有特定会社

会社規模	判定基準
大会社	$\dfrac{土地等の価額（相続税評価額）}{総資産価額（相続税評価額）} \geqq 70\%$
中会社	$\dfrac{土地等の価額（相続税評価額）}{総資産価額（相続税評価額）} \geqq 90\%$
小会社	・総資産額が大会社基準の会社：大会社と同様に判定 ・総資産額が中会社基準の会社：中会社と同様に判定 ・上記以外の小会社：対象外

④ 開業後3年未満の会社
⑤ 開業前又は休業中の会社の株式
⑥ 清算中の会社

① 民法　② 他申告　③ 相続手続　④ 相続計算　⑤ 贈与税　⑥ 精算課税　⑦ 財産評価　⑧ 事業承継　⑨ 個人承継

(8) 配当還元方式 (財基通188-2)

$$\frac{その株式に係る年配当金額^{※1}}{10\%} \times \frac{その株式の1株当たりの資本金等の額}{50円} = 配当還元価額^{※2}$$

※1　年配当金額 = $\dfrac{直前期末以前2年間の配当金額}{2}$ ÷ 1株当たりの資本金等の額を50円とした場合の発行済株式数

（年配当金額が2円50銭未満となる場合，又は無配の場合は2円50銭）

※2　配当還元価額が原則的評価方式による評価額を超える場合には，原則的評価方式により計算した金額によって評価する。

(9) 株式等保有特定会社の評価 (財基通189-3)

　株式等保有特定会社の株式は，純資産価額方式，又は次の①の「S1の金額」と②の「S2の金額」との合計額によって評価する。

① S1の金額（株式等がなかったものとして，原則的評価方式により計算した金額）

イ　株式等がなかったものとした場合の類似業種比準価額

計算要素（他の要素については，上記(4)参照）	
ⓑ	Ⓑ×受取配当金等収受割合※
ⓒ	Ⓒ×受取配当金等収受割合※
ⓓ	次の合計額 ◇ Ⓓ×株式等の帳簿価額の合計額÷総資産価額（帳簿価額） ◇ 直前期末における利益積立金額÷直前期末における発行済株式数（1株当たりの資本金等の額を50円として計算した数）×受取配当金等収受割合

※　次の割合（次の割合が1を超える場合は1）

$$\frac{直前期末以前2年間の受取配当金等の額（剰余金の配当，利益の配当，剰余金の分配及び新株予約権付社債に係る利息の額）の合計額}{分子の額+直前期末以前2年間の営業利益の金額の合計額}$$

ロ　株式等がなかったものとした場合の純資産価額

　各資産から株式等を除いて計算する。

② S2の金額（株式等の相続税評価額）

$$\left(\begin{array}{l}株式等の\\相続税評価額\end{array} - \left(\begin{array}{l}株式等の\\相続税評価額\end{array} - \begin{array}{l}株式等の\\帳簿価額\end{array}\right) \times 37\%\right) \div \begin{array}{l}発行済\\株式数\end{array}$$

⑽　種類株式

区分	評　価
配当優先の無議決権株式	〔配当優先の株式の評価〕 同族株主が相続等により取得した場合には，次により評価する。 ① 類似業種比準方式 　Ⓑについて，株式の種類ごとに計算して評価する。 ② 純資産価額方式 　配当優先の有無に関係なく評価する。 〔無議決権株式の評価〕 原則として議決権の有無を考慮せずに評価するが，同族株主が相続又は遺贈により取得した無議決権株式については，相続税の法定申告期限までに遺産分割協議が確定し，その会社の株式をその相続又は遺贈により取得したすべての同族株主から一定の届出書の提出があること等を条件に，次の調整計算をすることもできる。 【調整計算】 ◇　無議決権株式の評価額（単価） 　　調整計算前の無議決権株式の1株当たりの評価額（A）×95% ◇　議決権株式への加算額 　　A×無議決権株式の株式総数[※]×5%‥‥(B) ◇　議決権株式の評価額（単価） $$\frac{調整計算前の議決権株式の1株当たりの評価額 \times 議決権株式の株式総数^{※}(C)}{C} + B$$ ※　「株式総数」は，同族株主がその相続又は遺贈により取得したその株式の総数をいう。
社債類似株式	① 経済的実質が社債に類似していると認められる株式については，利付公社債の評価に準じて，発行価額により評価する（既経過利息に相当する配当金の加算は行わない）。 ② 社債類似株式以外の株式の評価に当たっては，社債類似株式を社債として計算する。
拒否権付株式	拒否権を考慮せずに評価する。

（国税庁文書回答「相続等により取得した種類株式の評価について」をもとに作成）

5　株式の割当てを受ける権利の評価 （財基通190）

上記1～4により計算した金額−割当て1株当たりの払込金額

① 民法
② 他申告
③ 相続手続
④ 相続計算
⑤ 贈与税
⑥ 精算課税
⑦ 財産評価
⑧ 事業承継
⑨ 個人承継

6 株主となる権利の評価 （財基通191）

区　　　分		評　　　価
会社設立の場合		課税時期以前にその株式1株につき払い込んだ価額
上記以外	発行日決済取引が行われているもの	上記2により評価した金額－課税時期の翌日以後の払込金額
	上記以外	上記2，3又は4(6)～(8)より計算した金額－割当て1株当たりの課税時期の翌日以後の払込金額

7 株式無償交付期待権の評価 （財基通192）

上記1～4により計算した金額

8 配当期待権の評価 （財基通193）

課税時期後に受けると見
込まれる予想配当の金額
＿これに係る源泉
徴収税額相当額

9 ストックオプションの評価 （財基通193-2）

上場株式又は気配相場等のある株式を目的とするストックオプションで，課税時期が権利行使可能期間内にあるものは，次により評価する。

$$\left(\text{株式の価額}-\text{権利行使価額}\right)\times\begin{array}{l}\text{ストックオプション1個の行使に}\\\text{より取得することができる株式数}\end{array}$$

10 上場新株予約権の評価 （財基通193-3）

区　　　分		評　　　価
新株予約権が上場期間内にある場合	原則（下記以外）	次のうち，最も低い価額 ① 課税時期の最終価格 ② 上場期間中の新株予約権の毎日の最終価格の平均額
	負担付贈与又は個人間の対価を伴う取引により取得したもの	課税時期の最終価格
上場廃止された新株予約権が権利行使可能期間内にある場合		$\left(\begin{array}{l}\text{目的たる}\\\text{株式の価額}\end{array}-\begin{array}{l}\text{権利行}\\\text{使価額}\end{array}\right)\times\begin{array}{l}\text{新株予約権1個の}\\\text{行使により取得する}\\\text{ことができる株式数}\end{array}$

11 持分会社等の出資の評価 （財基通194）

上記4～10に準じて計算した価額によって評価する。

12　医療法人の出資の評価 (財基通194-2)

　持分のあるものについては，基本的に，上記 **4**～**7** に準じて計算した価額によって評価する（一部，計算上の差異あり）。

13　農業協同組合等の出資の評価 (財基通195)

　原則として，払込済出資金額によって評価する。

14　企業組合等の出資の評価 (財基通196)

　課税時期における組合等の実情により，上記 **4**(5)を準用して計算した純資産価額（相続税評価額）を基に，出資持分に応ずる価額によって評価する。

23　公社債

1　評価単位 (財基通197)

　銘柄ごとに，下記 **2**～**5** の区分に従い，券面額100円当たりの価額に公社債の券面額を100で除した数を乗じて計算した金額によって評価する。

2　利付公社債の評価 (財基通197-2)

区　　分	評　　　　　価
金融商品取引所に上場されているもの	$\left(\text{課税時期の最終価格}^{※1・2} + \dfrac{\text{既経過利息の額(A)}}{} - \text{Aに係る源泉徴収税額相当額}\right) \times \dfrac{\text{券面額}}{100\text{円}}$
日本証券業協会において売買参考統計値が公表される銘柄として選定されたもの	$\left(\text{課税時期の平均値}^{※3} + \dfrac{\text{既経過利息の額(A)}}{} - \text{Aに係る源泉徴収税額相当額}\right) \times \dfrac{\text{券面額}}{100\text{円}}$
個人向け国債	課税時期において中途換金した場合に取扱機関から支払いを受けることができる価額により評価する
上記以外	$\left(\text{発行価額} + \dfrac{\text{既経過利息の額(A)}}{} - \text{Aに係る源泉徴収税額相当額}\right) \times \dfrac{\text{券面額}}{100\text{円}}$

※1　国内の 2 以上の金融商品取引所に上場されている場合は，東京証券取引所又は納税地の最寄りの金融商品取引所の最終価格（以下 **3** 及び **5** において同じ）。

※2　日本証券業協会において売買参考統計値が公表される銘柄として選定された利付公社債である場合には，金融商品取引所が公表する「最終価額」と日本証券業協会が公表する「平均値」とのいずれか低い金額。また，課税時期に最終価格及び平均値のいずれもない場合は，課税時期前の最終価格又は平均値のうち，課税時期に最も近い日の最終価格又は平均値とし，その日に最終価格又は平均値のいずれもある場合は，いずれか低い金額（以下 **3** において同じ）。

※3　課税時期に平均値がない場合は，課税時期前の平均値のうち，課税時期に最も近い日の平均値（以下 **3** において同じ）。

3　割引発行の公社債の評価 (財基通197-3)

区　　分	評　　　価
金融商品取引所に上場されているもの	$\left(\begin{matrix}\text{課税時期の}\\\text{最終価格}\end{matrix} - \begin{matrix}\text{差益金額に係る源泉}\\\text{徴収税額相当額}\end{matrix}\right) \times \dfrac{\text{券面額}}{100円}$
日本証券業協会において売買参考統計値が公表される銘柄として選定されたもの	$\left(\begin{matrix}\text{課税時期の}\\\text{平均値}\end{matrix} - \begin{matrix}\text{差益金額に係る源泉}\\\text{徴収税額相当額}\end{matrix}\right) \times \dfrac{\text{券面額}}{100円}$
個人向け国債	額面金額　＋　既経過利子相当額　－　中途換金調整額
上記以外	$\left(\text{発行価額}+\left(\text{券面額}-\begin{matrix}\text{発行}\\\text{価額}\end{matrix}\right)\times\dfrac{\begin{matrix}\text{発行日から課税}\\\text{時期までの日数}\end{matrix}}{\begin{matrix}\text{発行日から償還}\\\text{日までの日数}\end{matrix}}-\begin{matrix}\text{差益金額}\\\text{に係る源}\\\text{泉徴収税}\\\text{額相当額}\end{matrix}\right)\times\dfrac{\text{券面額}}{100円}$

4　元利均等償還が行われる公社債の評価 (財基通197-4)

下記24 2 の「有期定期金」の規定を準用して評価する。

5　転換社債型新株予約権付社債の評価 (財基通197-5)

区　　分		評　　　価
金融商品取引所に上場されているもの		$\left(\begin{matrix}\text{課税時期の}\\\text{最終価格}\end{matrix}+\begin{matrix}\text{既経過利息}\\\text{の額}(A)\end{matrix}-\begin{matrix}A\text{に係る源泉徴}\\\text{収税額相当額}\end{matrix}\right)\times\dfrac{\text{券面額}}{100円}$
日本証券業協会において店頭転換社債として登録されたもの		$\left(\begin{matrix}\text{課税時期の}\\\text{最終価格}\end{matrix}+\begin{matrix}\text{既経過利息}\\\text{の額}(A)\end{matrix}-\begin{matrix}A\text{に係る源泉徴}\\\text{収税額相当額}\end{matrix}\right)\times\dfrac{\text{券面額}}{100円}$
上記以外	株式の価額 ≦転換価格	$\left(\text{発行価額}+\begin{matrix}\text{既経過利息}\\\text{の額}(A)\end{matrix}-\begin{matrix}A\text{に係る源泉徴}\\\text{収税額相当額}\end{matrix}\right)\times\dfrac{\text{券面額}}{100円}$
	株式の価額 ＞転換価格	$\text{株式の価額}\times\dfrac{100円}{\text{転換価格}}\times\dfrac{\text{券面額}}{100円}$

6　貸付信託受益証券の評価 (財基通198)

元本の額＋既経過収益の額（A）－Aに係る源泉徴収税額相当額－買取割引料

7　証券投資信託受益証券の評価 (財基通199)

区　　分	評　　　価
日々決算型 （中期国債ファンド, MMF等）	$\begin{matrix}\text{1口当たり}\\\text{の基準価額}\end{matrix}\times\text{口数}+\begin{matrix}\text{再投資されていな}\\\text{い未収分配金}(A)\end{matrix}$ $-\begin{matrix}A\text{に係る源泉徴}\\\text{収税額相当額}\end{matrix}-\begin{matrix}\text{信託財産留保額及び解約手数}\\\text{料（消費税額相当額を含む）}\end{matrix}$

上場されて	受益証券	上記22 2 に準じて評価 ➡ p.126〜128
いるもの	金銭分配期待権	上記22 8 に準じて評価 ➡ p.144
上記以外		$\dfrac{1\,口当}{たりの}{基準価}{額} \times 口数 - \dfrac{課税時期に解}{約請求等した}{場合の源泉徴}{収税額相当額} - \dfrac{信託財産留保額}{及び解約手数料}{（消費税額相当}{額を含む）}$

8　不動産投資信託証券等の評価 (財基通213)

区　　分	評　　価
上場されているもの	上記22 2 に準じて評価 ➡ p.126〜128
投資口の分割等に伴う無償交付期待権	上記22 7 に準じて評価 ➡ p.144
金銭分配期待権	上記22 8 に準じて評価 ➡ p.144

24　定期金に関する権利等

1　定期金給付事由が発生していないもの（定期金に関する権利）(相法3①四, 25, 財基通200-4, 200-5)

解約返戻金を支払う旨	掛金（保険料）の支払方法	評　　価		
定めあり	－	解約返戻金の金額		
定めなし	一時払	一時払掛金（保険料）の金額	× 経過期間に応ずる複利終価率	× 0.9
	上記以外	払込掛金（保険料）の合計額 ÷ 経過期間の年数	× 経過期間に応ずる予定利率による複利年金終価率	× 0.9

2　定期金給付事由が発生しているもの（保証期間付定期金に関する権利）(相法3①五, 24①)

次の区分に応じ，それぞれ①〜③のうち，いずれか多い金額により評価する。

区　分	評　　価
有期定期金	①　解約返戻金の金額 ②　一時金の給付を受けることができる場合には，その一時金の金額 ③　給付金額の1年当たりの平均額 × 残存期間に応ずる予定利率による複利年金現価率

①
民
法

②
他
申
告

③
相
続
手
続

④
相
続
計
算

⑤
贈
与
税

⑥
精
算
課
税

⑦
財
産
評
価

⑧
事
業
承
継

⑨
個
人
承
継

無期定期金	① 解約返戻金の金額
	② 一時金の給付を受けることができる場合には，その一時金の金額
	③ 給付金額の１年当たりの平均額÷予定利率
終身定期金	① 解約返戻金の金額
	② 一時金の給付を受けることができる場合には，その一時金の金額
	③ 給付金額の１年 − 契約の目的とされた者の平均余命に
	当たりの平均額 応ずる予定利率による複利年金現価率

3 契約に基づかない定期金に関する権利 （相法３①六，相基通3-46，3-47）

区　　　　　分	受給方法	評　価
退職年金の継続受取人が取得する年金受給権	一時金	一時金の額
（→退職手当金等として課税）	定期金	上記２により評価
☞第４部３.２ ➡ p.44		
船員保険法の規定による遺族年金，厚生年金保険法の規定による遺族年金等	－	非課税

25 信託受益権 （財基通202，相基通９の3-1(2)(3)）

区　　　　　分		評　　　価
元本と収益の受益者が同じ場合	受益者が１人	信託財産の価額…（Ａ）
	受益者が複数	Ａ×受益割合
元本と収益の受益者が異なる場合（いわゆる「複層化信託」）※	収益受益権	課税時期の現況で推算した受益者が将来受けるべき利益の価額ごとに課税時期からそれぞれの受益の時期までの期間に応ずる基準年利率による複利現価率を乗じて計算した金額の合計額…（Ｂ）
	元本受益権	Ａ － Ｂ

※ 受益権が複層化された受益者連続型信託の受益権の評価額は次のとおり。
　　◇ 収益受益権…信託財産の価額（Ａ）
　　◇ 元本受益権（収益受益権を法人が取得した場合又はその収益受益権の全部若しくは一部の受益者が存しない場合を除く）…ゼロ

26 生命保険契約に関する権利

生命保険契約に関する権利の評価 （財基通214）

$$\frac{解約返戻金}{の額（Ａ）} + \frac{前納保険}{料の額} + \frac{剰余金の}{分配額等} - \frac{Ａに係る源泉徴}{収税額相当額}$$

第8部　法人版事業承継税制

1　概要（措法70の7，70の7の2，70の7の5，70の7の6，70の2の8）

1　いわゆる「一般措置」と「特例措置」

平成30年度税制改正により，事業承継税制に関し，従来の措置（以下「一般措置」）に加え，令和9年12月末までの10年間の措置として，納税猶予の対象となる株式数の制限の撤廃や，納税猶予割合の引上げ等がされた特例措置（以下「特例措置」）が創設された。

2　一般措置における贈与税と相続税の納税猶予・免除制度の比較

区　分	贈与税の納税猶予・免除制度	相続税の納税猶予・免除制度
納税猶予	後継者（受贈者）が，贈与により，都道府県知事の認定を受ける非上場会社の株式等を先代経営者等から一定以上取得し，その会社を経営していく場合には，その後継者が納付すべき贈与税のうち，その株式等（一定部分に限る）に対応する贈与税の全額につき，その先代経営者等の死亡等の日までその納税が猶予される。	後継者（相続人等）が，相続又は遺贈により，都道府県知事の認定を受ける非上場会社の株式等を先代経営者等から一定以上取得し，その会社を経営していく場合には，その後継者が納付すべき相続税のうち，その株式等（一定部分に限る）に係る課税価格の80%に対応する相続税につき，その後継者の死亡等の日までその納税が猶予される。
納税猶予税額の免除	先代経営者又は後継者の死亡等により，納税猶予されている贈与税の納付は免除される。	後継者の死亡等により，納税が猶予されている相続税の納付が免除される。

3　一般措置と特例措置の比較

区　分	一般措置	特例措置
事前の計画策定等	不要	令和8年3月31日までに都道府県知事に特例承継計画を提出[※1]
適用期限	なし	令和9年12月31日までの贈与・相続等[※2]
対象株数	総株式数の最大2/3まで	全株式
納税猶予割合	贈与：100%，相続：80%	100%
承継パターン	先代経営者を含む複数の株主から1人の後継者	先代経営者を含む複数の株主から最大3人の後継者

① 民法　② 他申告　③ 相続手続　④ 相続計算　⑤ 贈与税　⑥ 精算課税　⑦ 財産評価　⑧ 事業承継　⑨ 個人承継

雇用確保要件	承継後5年間，平均8割の雇用維持が必要	弾力化（雇用確保要件は，原則として打切り事由から除外）
事業継続が困難な場合の免除	なし	あり
相続時精算課税の適用	60歳以上の者から18歳以上の推定相続人（直系卑属）・孫への贈与	60歳以上の者から18歳以上の者への贈与

※1　既に提出した特例承継計画については，都道府県知事の認定前であれば，令和8年4月1日以降に変更も可能である。

※2　先代経営者からの贈与又は相続につき贈与税又は相続税の特例措置の適用を受けた後に，他の者からの贈与又は相続につき贈与税又は相続税の特例措置の適用を受ける場合には，都道府県知事の認定の有効期間内（後継者ごとに，最初に納税猶予・免除制度の特例措置の適用を受ける贈与又は相続に係る贈与税又は相続税の申告期限の翌日から5年を経過する日まで）に，その2度目以降の贈与税又は相続税の申告期限が到来する必要がある。したがって，特例措置の2度目以降の適用期限は令和9年12月31日より短くなる場合がある。また，特例措置の「令和9年12月31日まで」という適用期限は，最初の贈与又は相続等に対するものであるため，2度目の贈与又は相続等の時期が令和10年1月1日以後であっても，その2度目の贈与又は相続等が贈与税又は相続税の特例措置の適用対象となる場合がある（例：最初の贈与が令和9年12月，2度目の贈与が令和14年12月の場合）。

2　適用の流れ（特例措置）

1　贈与税の納税猶予・免除制度の主な手続等

贈与前
✓　「特例承継計画」を策定，認定経営革新等支援機関※の所見を記載の上，令和8年3月31日までに，都道府県知事に提出，確認を受ける（令和8年3月31日までの贈与については，贈与後に特例承継計画を提出することも可能）。

贈与
✓　令和9年12月31日までに贈与（上記1※2参照）

申告期限まで
✓　贈与年の10月15日〜翌年1月15日までに都道府県知事に「円滑化法の認定」を申請し，認定を受ける。
✓　申告期限までに，税務署長に対し贈与税の申告書（納税猶予選択）を提出，担保を提供する。

贈与税の申告期限

納税猶予期間中
✓　特例経営贈与承継期間は毎年，税務署長に「継続届出書」を，都道府県知事に「年次報告書」を提出する。
✓　特例経営贈与承継期間経過後は3年ごとに，税務署長に「継続届出書」を提出する。

贈与者の死亡等　税務署長に「免除届出書」又は「免除申請書」を提出する。

※ 税務，金融及び企業の財務に関する専門的知識を有し，経営革新特例承継計画の策定等の業務について一定の経験年数を持つ者として国が認定した法人・個人・機関等（例：金融機関，税理士・税理士法人，商工会議所）をいう。

2 相続税の納税猶予・免除制度の主な手続等（贈与税の納税猶予の適用を受けていない場合）

相続開始前
✓ 「特例承継計画」を策定，認定経営革新等支援機関の所見を記載の上，令和8年3月31日までに，都道府県知事に提出，確認を受ける（令和8年3月31日までの相続については，相続後に特例承継計画を提出することも可能）。

相続開始
✓ 令和9年12月31日までに相続（上記1※2参照）

申告期限まで
✓ 後継者は，相続開始後5か月以内に代表者に就任
✓ 相続開始後8か月以内に都道府県知事に「円滑化法の認定」を申請し，認定を受ける。
✓ 申告期限までに，税務署長に対し相続税の申告書（納税猶予選択）を提出，担保を提供する。

相続税の申告期限

納税猶予期間中
✓ 特例経営承継期間は毎年，税務署長に「継続届出書」を，都道府県知事に「年次報告書」を提出する。
✓ 特例経営承継期間経過後は3年ごとに，税務署長に「継続届出書」を提出する。

後継者の死亡等
✓ 税務署長に「免除届出書」又は「免除申請書」を提出する。

3 いわゆる「みなし相続」に係る相続税の納税猶予・免除制度の主な手続等（贈与税の納税猶予の適用を受け※，5年経過している場合）

相続開始
✓ 贈与税の納税猶予の適用を受けた株式は，贈与時の価額で，相続財産に合算し，原則として，相続税が課税される。

申告期限まで
✓ 申告期限までに，税務署長に対し相続税の申告書（納税猶予選択）を提出する。

相続税の申告期限

納税猶予期間中
✓ 3年ごとに，税務署長に「継続届出書」を提出する。

後継者の死亡等
✓ 税務署長に「免除届出書」又は「免除申請書」を提出する。

※ 贈与税の特例措置に係る贈与者が死亡した場合（贈与者の死亡以前に納税猶予税額の全額が打ち切られた場合又はその後継者が死亡した場合を除く）は，猶予されていた贈与税額は免除されるとともに，後継者は対象株式等をその贈与者から相続又は遺贈により取得したものとみなされ（みなし相続），相続税が課税される。この場合，後継者は一定要件を満たすことにより，贈与税の特例措置に係る贈与者の死亡がいつであっても（令和10年1月以降であっても），みなし相続の場合の相続税の特例措置の適用を受けることができる。

3 納税猶予税額の計算（特例措置）

1 贈与税

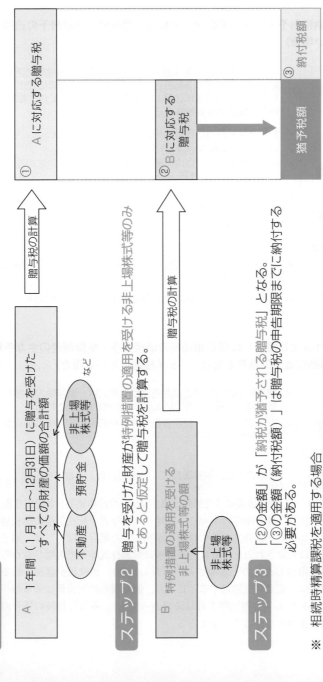

ステップ1 贈与を受けたすべての財産の価額の合計額に基づき贈与税を計算する。

A 1年間（1月1日～12月31日）に贈与を受けた
すべての財産の価額の合計額

不動産　預貯金　非上場株式等　など

贈与税の計算

ステップ2 贈与を受けた財産が特例措置の適用を受ける非上場株式等のみ
であると仮定して贈与税を計算する。

B 特例措置の適用を受ける
非上場株式等の額

非上場株式等

贈与税の計算

ステップ3 「②の金額」が「納税が猶予される贈与税」となる。
「③の金額（納付税額）」は贈与税の申告期限までに納付する
必要がある。

① A に対応する贈与税

② B に対応する
贈与税

猶予税額

③ 納付税額

※ 相続時精算課税を適用する場合
相続時精算課税を選択した贈与者ごとに、特例措置の適用を受ける非上場株式等
の額の合計額から、特別控除額2,500万円（前年以前にこの特別控除を適用した金
額がある場合には、その金額を控除した残額）を控除した残額に20%の税率を乗じ
た金額を算出し、その合計額が上記②の贈与税額となる。

2　相続税

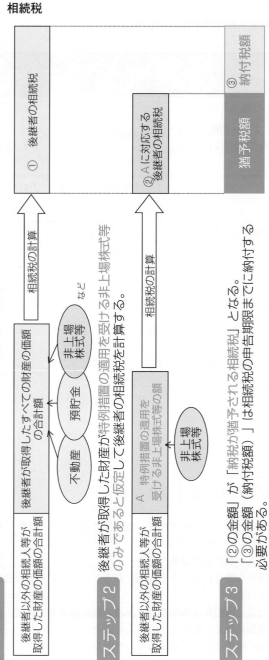

ステップ1　課税価格の合計額に基づき、後継者の相続税を計算する。

後継者以外の相続人等が取得した財産の価額の合計額　｜　後継者が取得したすべての財産の価額の合計額

（不動産／預貯金／非上場株式等 など）

→ 相続税の計算 → ① 後継者の相続税

ステップ2　後継者が取得した財産が特例措置の適用を受ける非上場株式等のみであると仮定して後継者の相続税を計算する。

後継者以外の相続人等が取得した財産の価額の合計額　｜　A 特例措置の適用を受ける非上場株式等の額（非上場株式等）

→ 相続税の計算 → ② Aに対応する後継者の相続税

ステップ3

「②の金額」が「納税が猶予される相続税」となる。
「③の金額（納付税額）」は相続税の申告期限までに納付する必要がある。

③ 納付税額／猶予税額

① 民法
② 他申告
③ 相続手続
④ 相続計算
⑤ 贈与税
⑥ 精算課税
⑦ 財産評価
⑧ 事業承継
⑨ 個人承継

4 適用要件（贈与税の特例措置）

1 会社の主な要件（措法70の7の5②一）

① 経営承継円滑化法上の都道府県知事の認定を受けていること
② 中小企業者であること

中 小 企 業 者			
業　　種	資本金		従業員数
製造業，建設業，運輸業その他の業種	3億円以下	又は	300人以下
ゴム製品製造業（自動車又は航空機用タイヤ及びチューブ製造業並びに工業用ベルト製造業を除く）			900人以下
卸売業	1億円以下		100人以下
サービス業	5千万円以下		100人以下
ソフトウエア業又は情報処理サービス業	3億円以下		300人以下
旅館業	5千万円以下		200人以下
小売業	5千万円以下		50人以下

③ 常時使用従業員数が1人以上であること
④ 直近の事業年度における総収入金額（主たる事業活動から生ずるものに限る）がゼロ以上であること
⑤ 資産管理会社[※1]（一定の要件を満たすものを除く[※3]）でないこと
　※1　次のイ又はロの会社をいう。
　イ　資産保有型会社

$$\frac{特定資産[※2]の合計額}{総資産の額} \geqq 70\%$$

　ロ　資産運用型会社

$$\frac{特定資産[※2]の運用収入の合計額}{総収入金額} \geqq 75\%$$

　※2　特定資産とは，有価証券[※4]，遊休不動産・販売用不動産[※5]・賃貸用不動産[※5]，ゴルフ会員権，貴金属，現預金等をいう。
　※3　資産管理会社から除外される事業実態の基準
　　　次のすべての要件を満たす場合には，事業実態があるとして，資産管理会社に該当しないものとみなされる。
　　イ　常時使用する従業員数（厚生年金保険や健康保険の被保険者等で判定。後継者と生計を一にする親族は除く）が5人以上であること
　　ロ　事務所，店舗，工場その他これらに類するものを所有し，又は賃借していること

ハ　３年以上にわたり，商品販売等（商品の販売，資産の貸付け又は役務の提供等）の業務を，継続して対価を得て行っていること

※４　有価証券からは，「実質的な子会社株式」（非上場かつ事業実態のある子会社の株式）が除かれる（持株会社も認定の対象）。

※５　不動産からは，自社利用の不動産が除かれる。

⑥　上場会社でないこと

⑦　風俗営業会社でないこと

⑧　拒否権付種類株式（いわゆる黄金株）を後継者以外の者が保有していないこと

2　後継者である受贈者の主な要件 （措法70の７の５②六）

①　会社の代表権を有していること

②　18歳以上であること

③　役員の就任から３年以上経過していること

④　後継者及び後継者と特別の関係がある者で総議決権数の50%超の議決権数を保有することとなること

⑤　後継者の有する議決権数が，次のイ又はロに該当すること

イ　後継者が１人の場合

後継者と特別の関係がある者の中で最も多くの議決権数を保有することとなること

ロ　後継者が２人又は３人の場合

総議決権数の10%以上の議決権数を保有し，かつ，後継者と特別の関係がある者（他の後継者を除く）の中で最も多くの議決権数を保有することとなること

3　先代経営者等である贈与者の主な要件 （措法70の７の５①）

(1)　贈与者が先代経営者である場合

①　会社の代表権（制限が加えられた代表権を除く）を有していたこと※

②　贈与の直前において，贈与者及び贈与者と特別の関係がある者で総議決権数の50%超の議決権数を保有し，かつ，後継者を除いたこれらの者の中で最も多くの議決権数を保有していたこと※

③　贈与時において，会社の代表権を有していないこと（役員であってもよい）

※　贈与直前に，既に特例措置の適用を受けている者がいる場合等には，上記①及び②の要件は不要

(2)　贈与者が先代経営者以外の場合

①　先行して先代経営者の株式が後継者に移転され，贈与税・相続税の特例措置の適用を受けていること

②　贈与税の申告期限が，特例経営（贈与）承継期間（最初の特例措置の適用に係る贈与税又は相続税の申告期限から５年間）内であること

4　担保提供 （措法70の７の５①）

納税が猶予される贈与税額及び利子税の額に見合う担保を税務署に提供すること（特例措置の適用を受ける非上場株式等のすべてを担保として提供した場合には，納税が猶予される贈与税額及び利子税の額に見合う担保の提供があったものとみなされ

る）。

5 取得株数要件（贈与税の特例措置）

後継者は，次の1又2の区分に応じた一定数以上の非上場株式等を取得する必要がある（措法70の7の5①）。

> a：贈与の直前において先代経営者等が有していた株式等の数
> b：贈与の直前の発行済株式等の総数
> c：後継者が贈与の直前において有していた株式等の数
> d：贈与後における後継者の有する株式等の数

1 後継者が1人の場合
次の①又は②の区分に応じた株数
①　$a \geqq b \times 2/3 - c$ の場合…「$b \times 2/3 - c$」以上の株数
②　$a < b \times 2/3 - c$ の場合…「a」のすべての株数

2 後継者が2人又は3人の場合
次のすべてを満たす株数
①　$d \geqq b \times 1/10$
②　$d >$ 贈与後における先代経営者等の有する非上場株式等の数

6 打切り事由（特例措置）

主な打切り事由は次のとおりである。いずれの場合も，特例経営（贈与/相続）承継期間内に要件を満たさないときは，納税猶予の全部が打切りとなる。また，特例経営（贈与/相続）承継期間経過後については，□の項目は納税猶予の打切事由とはならないが，■の項目は全部の，▲の項目は一部（対応する部分）の打切事由となる（措法70の7の5③，70の7の6③，70の7③⑤，70の7の2③⑤，措令40の8㉔）。

□　後継者が代表権を有しないこととなった場合（後継者が身体障害者手帳（1級又は2級）の交付を受けた場合等，やむを得ない理由がある場合を除く）

□　後継者及び後継者と特別の関係がある者が有する議決権数が50％以下となった場合

□　後継者の有する議決権数が，後継者と特別の関係がある者のうちのいずれかの者の有する議決権数よりも少なくなった場合

▲　後継者が対象株式等の一部の譲渡又は贈与（以下「譲渡等」）をした場合

■　後継者が対象株式等の全部の譲渡等をした場合（対象会社が株式交換等により他の会社の株式交換完全子会社等となった場合を除く）

▲　対象会社が会社分割をした場合（吸収分割承継会社等の株式等を配当財源とする剰余金の配当があった場合に限る）又は対象会社が組織変更をした場合（対象会社の株式等以外の財産の交付があった場合に限る）

■　対象会社が解散した場合（合併により消滅する場合を除く）又は会社法等の規定

により解散したとみなされた場合
- ■ 対象会社が資産保有型会社又は資産運用型会社のうち一定のものに該当することとなった場合（ただし，平成31年4月1日以降は，一定のやむを得ない事情によりこれらの会社に該当した場合であっても，その該当日から6か月以内にこれらの会社に該当しなくなったときは，打切り事由とはならない）
- ■ 対象会社の主たる事業活動から生ずる収入金額がゼロとなった場合
- ■ 対象会社が資本金の額を減少した場合又は準備金の額を減少した場合
- ■ 後継者が特例措置の適用を受けることをやめる旨を記載した届出書を納税地の所轄税務署長に提出した場合
- ▲ 対象会社が合併により消滅した場合（適格合併をした場合を除く）
- ▲ 対象会社が株式交換等により他の会社の株式交換完全子会社等となった場合（適格株式交換等を除く）
- □ 対象会社の株式等が非上場株式等に該当しないこととなった場合
- □ 対象会社又はその特定特別関係会社が風俗営業会社に該当することとなった場合
- □ 対象会社の円滑な事業の運営に支障を及ぼすおそれがある次の場合
  - ① 対象会社が発行する拒否権付種類株式（いわゆる黄金株）を後継者以外の者が有することとなったとき
  - ② 対象会社（株式会社に限る）が対象株式等の全部又は一部の種類を株主総会において議決権制限株式に変更した場合
  - ③ 対象会社（持分会社に限る）が定款の変更により後継者が有する議決権の制限をした場合
  - ④ 贈与者である先代経営者が対象会社の代表権を有することとなった場合

7 利子税の計算 （特例措置）

① 猶予の期限が確定した贈与税・相続税を納付する場合に，これと併せて納付する利子税は，贈与税・相続税の申告期限の翌日から納税猶予の期限までの期間（日数）に応じ，年3.6%の割合で計算する（措法70の7の5㉒，70の7の6㉓）。

② なお，各年の利子税特例基準割合※が7.3%に満たない場合には，その年における利子税の割合は，次の計算式のとおり軽減される（令和6年は0.4%に軽減）（措法93⑤）。

$$3.6\% \times \frac{利子税特例基準割合}{7.3\%} \quad (0.1\%未満切捨)$$

※ 各年の前々年の9月から前年の8月までの各月における銀行の新規の短期貸出約定平均金利の合計を12で除して得た割合として各年の前年の11月30日までに財務大臣が告示する割合に年0.5%の割合を加算した割合をいう（令和6年は0.9%）。

③ 特例経営贈与承継期間（原則，申告期限から5年）の経過後に，納税猶予税額の全部又は一部を納付するときは，申告期限の翌日から5年を経過する日までの期間の利子税の割合は「年0%」となる（措法70の7の5㉓，70の7の6㉔）。

8 免除（特例措置）

　次の場合には，納税猶予税額の全部又は一部が免除される。なお，次の○印の事由は特例経営（贈与/相続）承継期間内であっても免除されるが，●印の事由は特例経営（贈与/相続）承継期間後に限り免除される（措法70の7の5⑪⑳，70の7⑮⑯㉑，措規23の12の2⑫，23の9⑮）。

○　先代経営者が死亡した場合（相続税の課税対象となる）

○　先代経営者の死亡前に後継者が死亡した場合

○やむを得ない理由[※]により後継者が代表権を有しないこととなった場合において，後継者が特例措置の対象株式等を次の後継者へ贈与し，その贈与を受けた者が贈与税の特例措置又は一般措置の適用を受ける場合

●　次の後継者へ贈与した場合

●　後継者が，同族関係者以外の者に株式等を全部譲渡した場合（譲渡対価等を上回る税額を免除）

●　納税猶予の対象となる会社について，破産手続開始の決定，再生計画若しくは更正計画の認可の決定，又は特別清算開始の命令があった場合

●　納税猶予の対象となる会社が合併により消滅した場合，株式交換等により他の会社の株式交換完全子会社等となった場合（合併対価等を上回る税額を免除）

　※　身体障害者手帳（1級又は2級に限る）の交付を受けた場合等をいう。

第9部 個人版事業承継税制

1 概要

　青色申告（正規の簿記の原則によるものに限る）に係る事業（不動産貸付事業等を除く）を行っていた事業者の後継者として経営承継円滑化法の認定を受けた者が，個人の事業用資産を贈与又は相続等により取得した場合において，その事業用資産に係る贈与税・相続税について，一定の要件のもと，その納税を猶予し，後継者の死亡等により，納税が猶予されている贈与税・相続税の納付が免除される制度である。

2 法人版事業承継税制との比較 （措法70の6の8，70の6の10，70の7他）

区分	個人版事業承継税制	法人版事業承継税制（特例措置）
事前の計画策定	令和8年3月31日までに都道府県知事に特例承継計画を提出	令和8年3月31日までに都道府県知事に特例承継計画を提出
適用期間	10年間の時限措置 （平成31（2019）年1月1日～令和10（2028）年12月31日の相続・贈与が対象）	10年間の時限措置 （平成30（2018）年1月1日～令和9（2027）年12月31日の相続・贈与が対象）
猶予割合	100%	100%
対象資産	贈与者・被相続人（これらと生計を一にする配偶者その他の親族等を含む）の事業（不動産貸付業等を除く）の用に供されていた次の資産 ◇　宅地等（面積400㎡以下の部分） ◇　建物（床面積800㎡以下の部分） ◇　建物以外の減価償却資産で次のもの ・固定資産税の課税対象とされているもの ・自動車税・軽自動車税の営業用の標準税率が適用されるもの ・青色申告書に添付される貸借対照表に計上されている乗用自動車（取得価額500万円以下の部分） ・その他一定のもの（貨物運送用等一定の自動車，乳牛・果樹等の生物，特許権等の無形固定資産）	◇　非上場株式等

先代事業者（経営者）以外の者からの贈与・相続の要件	◇　贈与者・被相続人が先代事業者の生計一親族であること ◇　適用期間内，かつ，先代事業者からの贈与・相続等の日から１年を経過する日までにされた贈与・相続であること	◇　最初のその適用に係る贈与・相続等の日から経営（贈与）承継期間の末日までの間に申告期限が到来する贈与・相続であること
担保提供	右記の「みなす充足」のような特例はなし（担保提供する財産の価額は，納税猶予される贈与税・相続税額及び猶予期間中の利子税額の合計額に見合うことが必要）	対象非上場株式等の全部を担保として提供した場合には，必要担保額に見合う担保提供があったものとみなす特例あり（いわゆる「みなす充足」）
都道府県知事への年次報告	不要	経営（贈与）承継期間内において，毎年報告が必要
税務署長への継続届出	３年ごとに届出	経営（贈与）承継期間中は毎年，その期間の経過後は３年ごとに届出
利子税の計算	右記のような規定はなし	経営（贈与）承継期間（原則５年）の経過後に納税猶予税額を納付する場合，申告期限の翌日から５年を経過する日までの期間の利子税の割合は０％
小規模宅地等の特例との適用関係	下記４参照	制限なし

3　贈与税と相続税の制度比較

区分	贈与税の納税猶予・免除制度	相続税の納税猶予・免除制度
納税猶予	後継者（受贈者）が，贈与により，先代経営者等（贈与者）から都道府県知事の認定を受ける対象資産（特定事業用資産）のすべてを取得し，先代経営者等の事業を確実に承継すると認められる場合には，その後継者が納付すべき贈与税のうち，その事業用資産に対応する贈与税の全額につき，その先代経営者の死亡等の日までその納税が猶予される。	後継者（相続人等）が，相続又は遺贈により，都道府県知事の認定を受ける対象資産（特定事業用資産）のすべてを取得し，先代経営者等の事業を確実に承継すると認められる場合には，その後継者が納付すべき相続税のうち，その事業用資産に対応する相続税の全額につき，その後継者の死亡等の日までその納税が猶予される。

猶予税額の免除	先代経営者等又は後継者の死亡等により，納税が猶予されている贈与税の納付が免除される。	後継者の死亡等により，納税が猶予されている相続税の納付が免除される。

4　小規模宅地等の特例との適用関係

1　適用関係

　先代事業者等（被相続人）に係る相続等により取得した宅地等について小規模宅地等の特例の適用を受ける者がある場合，その適用を受ける小規模宅地等の区分に応じ，個人版事業承継税制の適用が次のとおり，制限される。

適用を受ける小規模宅地等の区分	個人版事業承継税制の適用
特定事業用宅地等	適用不可
特定同族会社事業用宅地等(A)	「400㎡－特定同族会社事業用宅地等の面積」が適用対象となる宅地等の限度面積となる。他に貸付事業用宅地等につき小規模宅地等の特例の適用を受ける場合は，貸付事業用宅地等につき適用を受けるときの限度面積（下行参照）となる
貸付事業用宅地等(B)	「400㎡－2×（Aの面積×200/400＋Cの面積×200/330＋B）」が適用対象となる宅地等の限度面積となる
特定居住用宅地等(C)	適用制限なし

2　小規模宅地等の特例（特定事業用宅地等）との主な違い

区　分	個人版事業承継税制	小規模宅地等の特例
事前の計画策定等	個人事業承継計画の提出（令和8年3月31日まで）	不要
適用期限	令和10年12月31日までの贈与・相続等	なし
承継パターン	贈与・相続等	相続等のみ
対象資産	上記2参照	宅地等（400㎡まで）のみ
減額割合	100％（納税猶予）	80％（課税価格の減額）
事業継続	終身	申告期限まで

《著者》

宮田房枝（みやた・ふさえ）

昭和54年三重県生まれ
平成13年税理士試験合格
平成14年上智大学経済学部　卒業
　大原簿記学校税理士講座講師，新日本アーンストアンドヤング税理士法人（現EY税理士法人），税理士法人タクトコンサルティング他での20年の勤務経験を経て
令和4年　宮田房枝税理士事務所開業

【主な著書等】
「ここからはじめる！相談者といっしょにページをめくる民事信託の事務ガイド」日本加除出版　2023年9月
「新相続法と信託で解決する　相続法務・税務Q&A」（共著）日本法令　2020年1月
「"守りから攻め"の相続対策Q&A」（共著）ぎょうせい　2019年10月
「"守りから攻め"の事業承継対策Q&A」（共著）ぎょうせい　2019年9月
「Q&A国際相続の実務と国外転出時課税」（共著）日本法令　2019年7月
「図解　相続対策で信託を使いこなす」中央経済社　2019年1月
「新・事業承継税制Q&A」（共著）日本法令　2018年9月
「税理士・公証人による相続税と信託ガイドブック」（共著）大蔵財務協会　2017年6月
「そこが知りたかった！民事信託Q&A100」中央経済社　2016年2月
「～乗り切ろう超高齢社会～　これだけは知っておきたい成年後見・信託・年金制度」（共著）大蔵財務協会　2015年9月
「図解　相続対策で信託・一般社団法人を使いこなす」中央経済社　平成25年12月
「図解　相続税・贈与税のしくみ」（共著）東洋経済新報社　平成25年8月
「日本版LLP実務ハンドブック」（共著）商事法務　平成18年1月

相続税ハンドブック（令和6年度版）

2024年7月1日　第1版第1刷発行

編　者　日本税理士会連合会
著　者　宮　田　房　枝
発行者　山　本　　　継
発行所　㈱中央経済社
発売元　㈱中央経済グループ
　　　　パブリッシング

〒101-0051　東京都千代田区神田神保町1-35
電　話　03（3293）3371（編集代表）
　　　　03（3293）3381（営業代表）
https://www.chuokeizai.co.jp
印　刷／三英グラフィック・アーツ㈱
製　本／㈲井上製本所

©2024
Printed in Japan